墨香财经学术文库
"十二五"辽宁省重点图书出版规划项目

分析师关注对上市公司自利性业绩归因的影响研究

Research on the Impact of Analyst Coverage on Self-Serving Attribution in MD&A

韩艳锦 著

东北财经大学出版社
Dongbei University of Finance & Economics Press
大连

图书在版编目（CIP）数据

分析师关注对上市公司自利性业绩归因的影响研究 / 韩艳锦著. —大连 : 东北财经大学出版社，2023.7

（墨香财经学术文库）

ISBN 978-7-5654-4856-0

Ⅰ.分…　Ⅱ.韩…　Ⅲ.上市公司-经济评价-研究-中国　Ⅳ.F279.246

中国国家版本馆CIP数据核字（2023）第105819号

东北财经大学出版社出版发行

大连市黑石礁尖山街217号　邮政编码　116025

网　　址：http：//www.dufep.cn

读者信箱：dufep @ dufe.edu.cn

大连永盛印业有限公司印刷

幅面尺寸：170mm×240mm　字数：173千字　印张：12　插页：1

2023年7月第1版　2023年7月第1次印刷

责任编辑：田玉海　龚小晖　责任校对：何　群

封面设计：原　皓　版式设计：原　皓

定价：62.00元

教学支持　售后服务　联系电话：（0411）84710309

如有印装质量问题，请联系营销部：（0411）84710711

前言

上市公司在年报“管理层讨论与分析”一节中，需要对当期会计利润和其他主要业绩指标变动的原因进行解释，即所谓的业绩归因。业绩归因作为文本信息，是外部信息使用者了解和分析驱动上市公司业绩的主要因素，进而对未来业绩进行估计的重要依据。然而业绩归因信息普遍存在自利性倾向，即绩优时倾向归因于内部管理，绩差时倾向归因于外部环境。

证券分析师是资本市场重要的信息中介，投资者非常重视证券分析师的研究报告，将其作为预测上市公司未来发展的重要参考信息，以至于上市公司的诸多行为受到证券分析师的影响。但是目前来看，证券分析师影响上市公司行为的研究还未触及到业绩归因这一领域。

按照归因理论，一方面活动者（上市公司管理层）通过不合理业绩归因强化自身形象的动机强烈，另一方面却也不能为所欲为，当其所做归因可能被观察者（外部信息使用者）否定时，活动者可能收敛其不合理业绩归因程度。也就是说，不合理业绩归因存在收益和成本。而分析师关注可能提高管理层对不合理业绩归因收益和成本的估计。基于此，本书试图回答如下两个问题：

第一，证券分析师关注抑制还是加剧了上市公司不合理业绩归因？

第二，哪些因素影响证券分析师关注对上市公司不合理业绩归因的作用效果？

作者采用机器学习算法浅层网络取得的大样本自利性业绩归因数据，以2007年至2019年A股非金融上市公司为研究样本，研究发现：首先，证券分析师关注迫使上市公司降低了自利性业绩归因的不合理程度，支持证券分析师外部治理的有效监督假说。其次，证券分析师关注对绩差公司不合理业绩归因的抑制作用更强。再次，明星分析师加强了证券分析师关注对上市公司不合理业绩归因的抑制作用。最后，媒体报道加强了证券分析师关注对上市公司不合理业绩归因的抑制作用。

本书理论贡献和实践意义如下：第一，本书建立模型直接度量了上市公司不合理业绩归因。第二，采取业绩归因观察者研究视角，本书丰富了上市公司自利性业绩归因影响因素方面的研究，有助于深化理解上市公司业绩归因信息披露行为。第三，从证券分析师角度出发，本书将上市公司外部治理机制的研究内容向文本信息披露领域进行了拓展，丰富了证券分析师关注经济后果方面的研究。第四，本书的现实启示在于，对投资者识别业绩归因信息质量，评估管理层工作绩效和上市公司未来价值具有重要的指导作用；对分析师提升能力、维护声誉具有重要的启示意义；对监管部门注重资本市场信息中介力量的发挥，规范上市公司文本信息具有重要的参考意义。

本书在上述方面的研究也仅仅是一次努力的尝试，欢迎同仁们批评指正！

本书在写作的过程中，得到了秦荣生教授、孙蔓莉副教授的精心指导，得到了张瑾副教授、宋衍蘅副教授、冯晓晴博士、丁含博士、李欣蕊博士生的帮助，同时，张敏教授、袁蓉丽教授、杨有红教授、张宏亮教授、张金昌教授提出了诸多宝贵建议。本书在出版过程中，得到了东北财经大学出版社的支持，在此一并致以深深的谢意。

韩艳锦

2023年6月

目录

1 导论

本章作为导论，首先介绍上市公司年报“管理层讨论与分析”中业绩归因信息披露存在的问题，再根据研究背景，提出本书研究的问题；其次对本书核心概念——自利性业绩归因进行界定，并且说明本书的研究方法；再次提炼本书研究的理论意义和现实指导意义；最后阐述本书研究思路，介绍各章节的内容安排。

1.1 研究背景

本书研究中业绩归因（Causal Attribution）指上市公司年报“管理层讨论与分析”（Management Discussion and Analysis，MD&A）中对当期业绩变动的原因进行的解释（孙蔓莉等，2017）。业绩归因信息不仅是投资者评估上市公司盈余可持续性的重要依据，而且是分析师进行盈余预测和股票估值的重要参考信息（Rogers and Grant，1998；Clarkson et al.，1999）。由投资管理与研究协会（Association of Investment Management and Research，AIMR）2000年进行的一项调查结果也支持了这一观点。该调查发现，86%的受访分析师表示管理层对当期业绩的讨论是评估上市公司价值的重要因素。

然而大量研究表明，上市公司业绩归因信息质量堪忧，普遍存在业绩归因信息操纵行为。绩优时倾向归因于内部管理，绩差时倾向归因于外部环境，从而诱导投资者做出有利于上市公司的决策，即所谓的自利性业绩归因（Self-Serving Attribution）（Aerts and Tarca，2010；Aerts and Cheng，2011，2012；Clatworthy and Jones，2006；Tsang，2002；孙蔓莉等，2012，2016）。

现有研究探讨了上市公司如何进行自利性业绩归因，以及自利性业绩归因对外部信息使用者行为的影响。例如，绩优公司与绩差公司之间的自利性业绩归因差异（Aerts，2005）；不同文化背景下自利性业绩归因的特点（Aerts and Tarca，2010；Brochet et al.，2019）；招股说明书中自利性业绩归因能否提高IPO定价，是否与首日抑价程度相关（Aerts and Cheng，2011）；业绩归因合理与否对投资者评估管理层工作以及上市公司未来业绩的影响（孙蔓莉等，2017；蒋艳辉，冯楚建，2014）等。然而尚没有文献从外部信息使用者角度分析上市公司业绩归因行为。

根据归因理论，活动者（上市公司管理层）进行归因时并不能为所欲为。当其所做归因存在被观察者（外部信息使用者）否定的可能性时，活动者的自利性程度有所收敛（刘永芳，2010）。按照上述理论，上市公司自利性业绩归因与外部信息使用者之间是交互影响的双向关系。上市公司业绩归因行为可能受到外部信息使用者的影响，但是目前相关实证研究极为有限，本书研究试图从重要的外部治理机制——分析师角度弥补这个空白。

上市公司外部环境复杂多变，加之内部经营不可观察，一般投资者没有条件对业绩归因的客观性进行精准分析（Snyder et al.，1976；Kimbrough and Wang，2014）。但是与一般投资者相比，分析师具有突出的信息优势和专业能力。分析师可以通过召开发布会或电话会议等途径与管理层互动，甚至可以采取现场调研的方式直接考察上市公司经营情况。而且分析师长期跟踪并且持续关注特定行业，知悉上市公司内部与外部经营环境的变化，便于查知管理层是否存在不当行为（Jensen and Meckling，1976；Yu，2008；李春涛等，2014）。另外分析师研究报告是投资者评估上市公司盈余持续性的重要参考信息（朱红军等，2007；潘越等，2011；Graham et al.，2005；Liu，2011；Bowen et al.，2008），以至于上市公司财务信息披露以及经营决策等行为广泛受到分析师的影响（Yu，2008；李春涛等，2014，2016；Degeorge et al.，2013；He and Tian，2013）。

管理层进行业绩归因时，可能也会审慎考虑是否会被分析师识别出不合理业绩归因以及分析师可能采取的态度。根据归因理论，活动者（上市公司管理层）不仅存在强烈的动机进行不合理业绩归因，而且会权衡不合理业绩归因被观察者（外部信息使用者）否定的可能性。分析师关注则可以放大上述不合理业绩归因的收益和成本。有效监督假说下其预期成本大于预期收益，从而分析师关注可能抑制上市公司不合理业绩归因程度。反之市场压力假说下其预期收益大于预期成本，从而分析师关注可能加剧上市公司不合理业绩归因程度。

本书基于以上两个对立的立场，研究分析师关注对上市公司不合理业绩归因的影响，以揭示外部信息使用者对上市公司业绩归因信息的作用效果。另外自利性业绩归因数值需要人工摘取和分析，并且因为语言表达的模糊性，取值过程中无法完全规避主观判断，需要反复核实和讨论，工作量不容小觑，所以目前相关业绩归因的研究样本量普遍偏小。为了弥补这一现有研究的不足，本书通过引入机器学习算法浅层网络（FastText），取得了2007年至2019年所有上市公司年报“管理层讨论与分析”中业绩归因自利性程度数值，进行了大样本实证研究。

具体而言，本书利用大样本完成了如下研究工作：第一，根据归因理论，构建了上市公司不合理业绩归因的度量方法，从而量化了上市公司自利性业绩归因的不合理程度，并且基于已有研究结论，从经济后果角度检验了该度量方法的有效性；第二，从分析师关注角度，检验了上市公司不合理业绩归因的外部治理机制；第三，从公司业绩、明星分析师、媒体报道等角度，检验了分析师关注对上市公司不合理业绩归因的作用差异。图1-1展示了本书区别于已有研究的主要创新点。

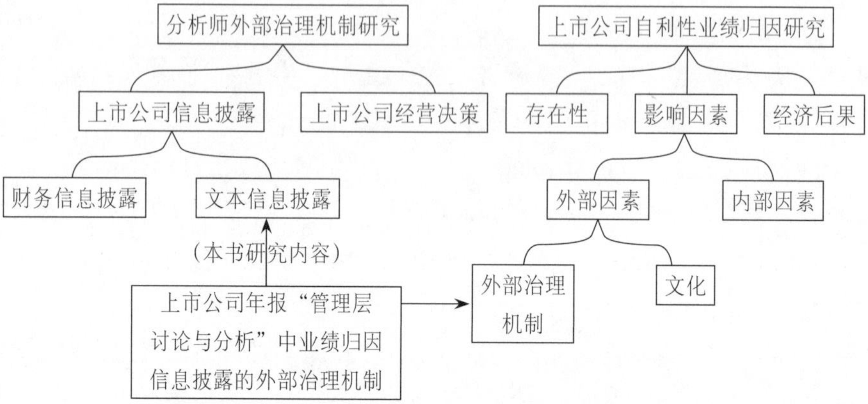

图 1-1 本书区别于已有研究的主要创新点

1.2 核心概念界定

归因是指对促成事件结果的原因进行说明。心理学研究发现，活动者倾向于把成功的事件结果归因于自身行动，把失败的事件结果归因于外部环境，即所谓的利己主义归因偏向。已有研究发现，上市公司管理层表现出与个体类似的归因偏向（Bowman，1978；Bettman and Weitz，1983）。

上市公司在年报“管理层讨论与分析”部分，需要对当年度经营情况进行分析，旨在进一步降低上市公司内部与外部投资者之间的信息不对称水平，为利益相关者决策提供增量信息。然而管理层对当期业绩变动做出的解释带有明显的自利性倾向，具体体现为两个方面：一是自我宣扬，即把绩优归因于管理层自身的经营管理有方，比如正确的战略转型、有效的成本控制、科学的生产计划等，这样做可以突出管理层的工作绩效，进而获取股东的肯定；二是自我保护，即把绩差归因于外部环境，比如疲软的宏观经济、激烈的行业竞争等，这样做有利于管理层避免因为公司业绩下降而受到股东的怀疑或苛责。以上两类归因均为自利性业绩归因。除了上市公司年报“管理层讨论与分析”，自利性业绩归因现象还存在于“董事长致辞”“招股说明书”等各类文本信息。

必须强调的是，所谓“自利”是指对上市公司或管理层有利，而不是指该归因本身对业绩来说是好消息或者是坏消息。以表1-1中江铃汽车的业绩归因为例，其将2016年收入增长分别归因于公司提升产品质量等内部管理工作，以及中国汽车市场的增长。其中，前者突出了管理层的贡献，对管理层有利，因此属于自利性业绩归因。而后者虽然同样有助于提升上市公司业绩，但是这种提升是由于上市公司处于有利的经营环境中，与管理层工作无关，客观上会削减管理层工作在全部业绩上升中的贡献份额，可能使管理层不能享受到与业绩上涨相对应的全部奖赏，是非自利性业绩归因（相对于管理层利益而言）。

再如表1-1中的猛狮科技，其将2017年业绩下降分别归因于运营管理能力较弱和宏观政策调整。其中的内部归因——运营管理能力较弱，可能降低股东对管理层能力的评价，招致股东的批评和处罚，对于管理层来讲是非自利性业绩归因。而其中的外部归因——宏观政策调整，虽然也会导致上市公司业绩下降，但是说明了管理层对业绩下降只应承担部分责任，可能会有效减轻管理层所受到的处罚，因此属于自利性业绩归因。

表1-1　上市公司年报“管理层讨论与分析”中业绩归因语句示例

股票代码	股票简称	归因语句	来源
000550	江铃汽车	2016年，得益于SUV市场的持续高速增长，中国的汽车市场继续保持增长。报告期内，为应对加剧的竞争挑战、更加严格的法规要求以及成本上升，公司致力于提升产品质量、推动新产品研发、控制运营成本、提升生产效率，同时推出一系列销售策略积极应对市场风险，实现收入增长	2016年年度报告
002684	猛狮科技	由于近几年公司产业布局及发展速度较快，部分业务拓展不如预期，运营管理能力较弱，以及受相关产业政策调整、金融宏观调控的影响，公司在资产规模和收入规模快速增长的同时，经营业绩出现大幅下滑	2017年年度报告

资料来源：巨潮资讯网.

事实上，自利性业绩归因并非完全背离实际情况。例如，孙蔓莉等（2013）通过案例分析发现，2005年至2010年人民币一直处于单边升值状态，而这对纺织业的负面冲击相当大，所以该期间纺织业的公司业绩归因中强调人民币汇率的不利变化或许是合理的。Barton和Mercer（2005）通过实验，检验了分析师对绩差公司合理和不合理业绩归因的反应。该研究发现，分析师认为距离地震震中近的餐饮公司把绩差归咎于地震是合理的，而距离地震震中远的餐饮公司把绩差归咎于地震是不合理的。孙蔓莉等（2017）通过区分合理和不合理归因考察了业绩归因对股票投资行为的影响。该实验研究虚拟了一家业绩下滑的高档白酒生产企业，其中合理与不合理业绩归因分别设计如下：

“公司缺乏市场营销长期规划，销售人才紧缺，销售渠道单一，市场占有率徘徊不前。”

“受宏观政策导向的影响，整个白酒行业的需求普遍出现巨幅下降，尤其是价格超过400元的高档白酒，迅速由年初的供不应求，转变为年末的库存积压，迫使供应商互相压价，导致市场价格的恶性竞争。另外，由于近些年来国家对醉驾惩罚的力度越来越大，加上新成长起来的‘80’‘90’后对白酒文化不太感兴趣，转而认同红酒文化，致使整个白酒行业越来越不景气，这些都使得销售额出现了下降。”

可见，上市公司可能会夸大或编造，亦或隐瞒某些因素对业绩的影响，即所谓的不合理业绩归因。只有不符合实际情况的不合理业绩归因是偏离上市公司真实情况的虚假信息，因此本书研究仅针对自利性业绩归因中不合理的部分展开研究。然而现实中限于信息来源，学者很难直接认定每家上市公司业绩归因中哪些是合理因素，哪些是不合理因素，因此本书需要构建上市公司不合理业绩归因的度量方法。

1.3 研究方法

1.3.1 文本分析

文本是指由文字、符号、图像等组成的信息结构体。文本由人制作而成，因此不可避免地受到人的特定观点、立场、利益和价值的影响。通过分析文本的内容和组织形式推断文本制作人的目的和意图的过程叫作文本分析。近年来，计算机语言学理论和技术的发展，使得大样本书本分析成为可能。具体而言，利用计算机技术可以按照科学的方法抽象化非结构化的文本，以数学模型代替文本，从而量化文本信息内容以及语言组织形式。

近年来，财务会计领域出现了采用文本分析方法研究财经类文本信息的热潮。Li（2008）基于上市公司年报词汇难度和句子结构的复杂程度，构建了年报可读性指标，并且对可读性背后的管理层意图进行了检验。Kothari等（2009）将上市公司年报、分析师研究报告以及媒体报道中的文本，区分为“与上市公司风险相关”和“与上市公司风险无关”两大类，探讨了“与上市公司风险相关”的文本对投资者预期以及公司权益资本成本的影响。Huang等（2014）通过对分析师研究报告中的每一个完整句子进行情感分析（积极、中性、消极），检验了分析师研究报告语气对投资者决策的影响。马黎珺等（2019）采用文本分析方法量化了分析师研究报告中前瞻性语句的信息含量，从而检验了其对投资者决策的影响。

本书采用文本分析方法对年报“管理层讨论与分析”中业绩归因信息进行量化。文本分析过程中，利用目前计算机语言学领域相对成熟的分类算法——浅层网络（FastText），将年报“管理层讨论与分析”中所有段落划分为业绩归因段落和非业绩归因段落，再根据自利性业绩归因的定义，判别业绩归因段落每一个语句的自利性程度。通过这两项工作，作者取得了每一份上市公司年报“管理层讨论与分析”中业绩归因自利性程度的量化指标，实现了大样本分析。

由于业绩归因数值需要手工采集并进行人工分析，对于大样本上市公司来说工作量巨大，因此以往相关研究的样本量普遍偏小（Baginski et al.，2004；Aerts and Cheng，2011；Kimbrough and Wang，2014）。而且这种人工分析方法主观臆断过强可能导致结果难以复制（Lombard et al.，2002；Krippendorff，2004）。而通过文本分析方法可以尽可能降低人工分析引起的衡量偏差，提高研究结论的可靠性。

1.3.2 规范研究

本书第2章文献回顾、第3章理论基础，以及第4章至第8章实证研究中理论分析与假设提出部分采用了规范研究方法。具体而言，首先第2章文献回顾部分在精读国内外相关文献的基础上，对自利性业绩归因以及分析师外部治理机制相关文献进行综述，归纳总结现有研究的框架以及存在的不足之处。其次第3章理论基础部分，介绍支撑本书研究问题的重要理论——归因理论和委托代理理论。最后第4章至第8章实证研究中理论分析与假设提出部分基于已有理论和文献，采用演绎法和归纳法提出研究假设。

1.3.3 实证研究

第4章至第8章实证检验部分，通过计量和统计方法以及大样本对研究假设进行分析。具体而言，首先通过样本分布了解样本的行业分布特征和时间分布趋势；其次通过相关性分析得到初步证据；再次通过多元线性回归考察边际作用效果；最后通过双重差分方法、公司固定效应模型、变化模型等进一步加强研究结论的稳健性。

1.4 研究意义

1.4.1 理论意义

第一，本书建立模型直接度量了上市公司不合理业绩归因。虽然已有研究引入了自利性业绩归因合理性概念，但是现有研究的讨论大多局限于概念层面，尚没有研究构建模型对其进行直接估计。本书根据归因理论，即观察者通过对比活动者与其他个体行为结果的一致性评估活动者归因合理性的相关知识，参考计算可操控应计利润和非效率投资的建模思想，首次用模型估计了上市公司不合理业绩归因，对其定量化进行了讨论。

第二，本书采取业绩归因观察者视角，丰富了上市公司自利性业绩归因影响因素方面的研究，有助于深化理解上市公司业绩归因信息披露行为。以往研究从活动者角度，重心在于考察上市公司自利性业绩归因的存在性、程度以及其对外部信息使用者的影响，表现在股价、发行溢价、投资行为等方面。本书研究首次从观察者角度，回溯了外部信息使用者对上市公司自利性业绩归因行为的影响。研究发现，资本市场并非局限于被动地接收上市公司公开信息，其亦能够对上市公司文本信息披露产生积极影响，反映出上市公司与外部信息使用者之间互相影响、互相牵制的博弈关系，这不仅有助于全面认识资本市场各方之间的相互作用，而且揭示了上市公司业绩归因信息操纵的限制性因素。

第三，本书从分析师关注角度，将外部治理机制的研究内容向文本信息领域进行了拓展，丰富了分析师关注经济后果方面的研究。现有文献研究了外部治理机制对上市公司经营决策和财务信息披露的影响，但是鲜有研究关注外部治理机制对上市公司文本信息披露的影响。本书从分析师角度，检验了分析师关注对上市公司业绩归因信息质量的影响，弥补了现有文献的上述不足，拓展了外部治理机制的研究框架。

第四，通过检验分析师关注对绩优和绩差公司业绩归因信息质量的影响差异，本书研究结论加深了对声誉机制作用条件的理解。声誉机制作为低成本的监督机制，可以约束管理层机会主义行为，从而缓解代理问题。然而已有研究发现，声誉机制的作用发挥受限于公司财务状况，业绩压力削弱声誉对公司不当行为的约束作用。然而本书研究结论却表明，分析师关注对绩差公司不合理业绩归因的抑制作用更强。这一结论打破了声誉机制的作用发挥受限于公司财务状况的固有观点，提供了新的证据。

第五，本书从明星分析师角度，为分析师关注外部治理机制的作用差异提供了解释，丰富了分析师个体特征经济后果方面的研究。分析师外部治理机制至少受到两个因素的影响：分析师发现上市公司不当行为的能力，以及分析师研究报告影响投资者决策的程度。然而现有文献研究分析师外部治理机制时却鲜少考虑上述因素，这可能导致所得研究结论不全面。本书基于明星分析师与非明星分析师能力和市场影响力方面的差异，为分析师关注对上市公司不合理业绩归因的作用效果提供了更加细致的证据，同时将分析师个体特征经济后果方面的研究向上市公司业绩归因信息披露领域进行了拓展。

第六，本书通过探讨分析师关注和媒体报道对上市公司业绩归因信息质量的相互作用，补充了外部治理机制之间相互作用方面的研究。尽管大量研究探讨了分析师关注以及媒体报道对上市公司行为的影响，但是鲜少有文献研究两者的交互作用。少有的关于两者外部治理机制相互作用的文献，其研究结论还不一致。本书研究通过厘清媒体和分析师的外部治理角色，检验两者的相互关系，为外部治理机制之间相互作用方面的研究提供了来自文本信息披露方面的增量证据。

1.4.2 现实意义

第一，从投资者角度而言，本书研究结论对其识别业绩归因的客观性，进而做出有效投资决策具有一定的指导作用。上市公司业绩归因信息存在明显的自利性倾向，甚至会编造、夸大或隐藏某些因素对业绩的影响，即存在不合理业绩归因现象。但是投资者限于信息来源和信息分析能力，无法准确识别业绩归因合理与否，因此容易被管理层不合理业绩归因行为所诱导，进而做出有偏差的投资决策。本书从分析师关注角度，揭示了业绩归因信息操纵行为的限制性因素，为投资者判别业绩归因的客观性，进而做出正确的投资决策提供了参考依据。

第二，从分析师角度而言，本书研究结论对其提升能力和维护声誉具有重要的借鉴意义。来自理论界和实务界的证据都表明，分析师的能力和市场影响力是投资者重视分析师研究报告，将其作为预测上市公司未来发展的关键所在。在此基础上，本书研究表明分析师能力和市场影响力是管理层进行文本信息披露决策时重要的权衡因素，进而影响上市公司业绩归因信息质量。该研究结论对分析师增强能力并且维护自身声誉具有一定的借鉴意义。

第三，从监管部门角度而言，本书研究结论对增强我国上市公司外部治理机制，提升资本市场配置效率具有重要意义。上市公司文本信息无须经过会计师事务所审计，因此信息披露规范性差，文本信息操纵行为严重，存在误导投资者高估上市公司未来业绩，从而降低资本市场运行效率的极大风险。本书从分析师关注角度，揭示了上市公司文本信息披露的影响因素，为监管部门强化分析师的信息中介角色，提高资本市场配置效率提供了参考。

1.5 研究框架与内容安排

1.5.1 研究框架

本书从分析师关注角度探讨上市公司不合理业绩归因的外部治理机制。本书研究思路（如图1-2所示）如下：首先根据归因理论，构建上市公司不合理业绩归因的度量方法，并且检验该度量方法的有效性，从而为后续实证研究扫清障碍；其次实证检验分析师关注对上市公司不合理业绩归因的作用；最后从公司业绩、明星分析师、媒体报道等角度，检验分析师关注对上市公司不合理业绩归因的作用差异。

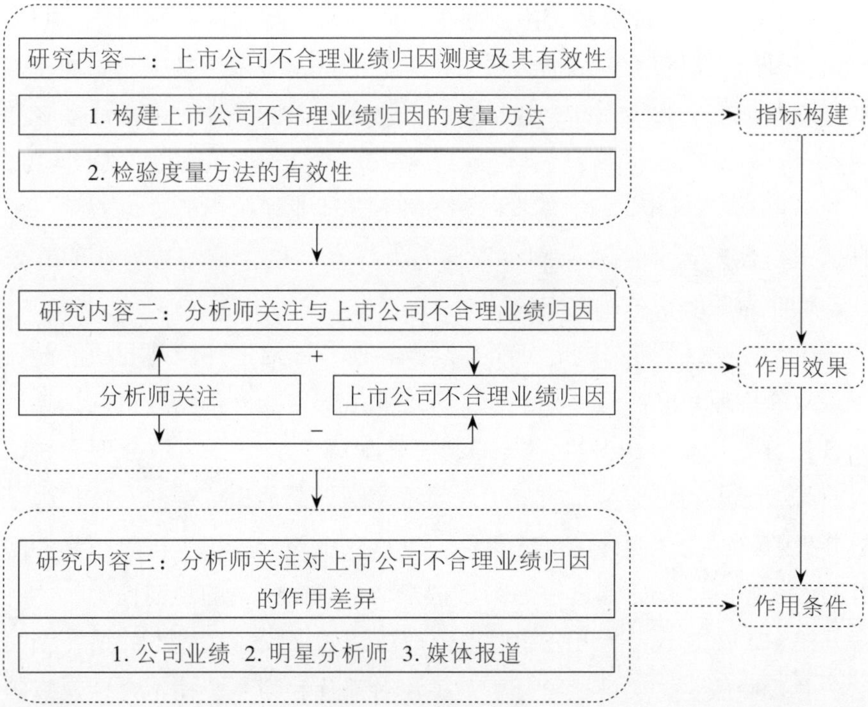

图1-2 研究思路

1.5.2 内容安排

本书共分为8章，各章的主要内容简述如下：

第1章作为导论，首先介绍上市公司年报“管理层讨论与分析”中业绩归因信息披露存在的问题，再根据研究背景，提出本书研究问题；其次对本书核心概念——自利性业绩归因进行界定，并且说明本书研究方法；再次提炼本书研究的理论意义和现实指导意义；最后阐述本书研究思路，介绍各章节的内容安排。

第2章作为文献回顾，梳理与本书研究密切相关的文献，包括自利性业绩归因和分析师外部治理机制等两个方面的文献。自利性业绩归因方面的文献具体涉及自利性业绩归因的存在性、影响因素和经济后果。分析师外部治理机制方面的文献，具体涉及分析师的信息中介角色，以及分析师对上市公司行为的影响。在回顾已有文献的基础上，再对现有研究进行评述。

第3章作为理论基础，阐述与本书研究密切相关的两个理论，归因理论与委托代理理论，从而为后续研究提供坚实基础。其中归因理论侧重介绍利己主义归因偏向，包括定义、动因和限制条件，以及活动者和观察者的归因差异。委托代理理论则简单介绍逆向选择和道德风险问题。

第4章基于归因理论构建上市公司不合理业绩归因的度量方法，并且通过机器学习算法浅层网络取得的大样本，检验该度量方法的有效性，从而为后续章节研究扫清障碍。

第5章假定上市公司、分析师以及其他外部治理环境都同质的前提下，从分析师角度检验上市公司不合理业绩归因的外部治理机制，具体而言：首先检验分析师关注是抑制还是加剧了上市公司不合理业绩归因。其次考虑到可能存在的内生性问题，以券商消失或券商合并作为导致分析师关注发生变化的外生事件，进行双重差分分析来排除内生性问题的潜在影响。最后通过一系列测试来增强研究结论的稳健性。

第6章放宽不同上市公司对不合理业绩归因收益和成本的估计相同这一隐含性假定，实证检验分析师关注对绩优和绩差公司不合理业绩归因的影响差异。

第7章放宽不同分析师对上市公司行为的影响相同这一隐含性假定，实证检验明星分析师与非明星分析师关注对上市公司不合理业绩归因的影响差异。

第8章放宽分析师除外其他外部治理环境相同这一隐含性假定，实证检验媒体报道对分析师关注与上市公司不合理业绩归因之间关系的影响。

第9章作为结语，首先对实证章节内容进行系统性回顾；其次针对研究结论提出研究启示和政策建议，以期为投资者、资本市场信息中介以及相关监管部门提供参考；最后在总结本书研究不足的基础上展望未来研究方向。

图1-3列示了本书内容安排。

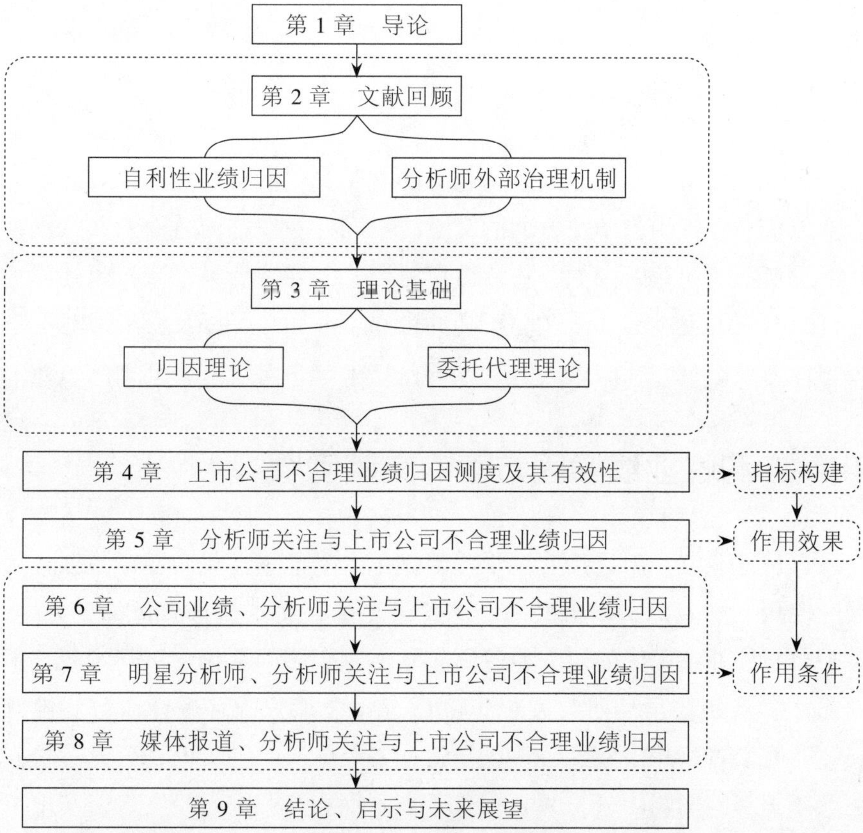

图1-3　本书结构示意图

2 文献回顾

本章梳理了与本书研究密切相关的文献，包括自利性业绩归因和分析师外部治理机制等两个方面的文献。自利性业绩归因方面的文献，具体涉及自利性业绩归因的存在性、影响因素和经济后果。分析师外部治理机制方面的文献具体涉及分析师的信息中介角色，以及分析师对上市公司行为的影响。在回顾已有文献的基础上，再对现有研究进行评述。

2.1 自利性业绩归因方面的文献回顾

自利性业绩归因是指心理学归因理论中利己主义偏向在财务会计领域的应用。随着对文本信息的需求日趋增加，文本信息质量备受关注，关于自利性业绩归因的研究也逐渐丰富。基于不同文化、不同对象、不同方法，该领域早期研究发现，上市公司业绩归因普遍存在自利性倾向。随后学者们从国家、公司以及管理者个体等不同层面，研究了自利性业绩归因的影响因素，并且探讨了自利性业绩归因对投资者以及上市公司自身造成的影响。下面从自利性业绩归因的存在性、影响因素和经济后果等方面，对自利性业绩归因相关文献进行回顾。

2.1.1 自利性业绩归因的存在性

业绩归因，即管理者对业绩变动的原因做出的说明，遍布上市公司年度报告、业绩预告、董事长致辞、招股说明书等对外报告中。但是无论业绩归因以何种形式对外报告，都具有明显的自利性倾向，试图使外部信息使用者认为上市公司业绩好是因为管理者经营有方，上市公司业绩差则是因为经济环境恶劣。

Bowman（1976）分析82家绩优和绩差食品加工行业公司，发现绩优公司倾向归因于正确的战略实施，绩差公司则倾向归因于外部环境不利。Bettman和Weitz（1983）选取经济形势好和坏的两年里181家上市公司年报进行分析，发现绩优公司倾向于强调内部而且可控的稳定因素，绩差公司则倾向于强调外部而且不可控的不稳定因素。Huff和Schwenk（1990）分析美国著名汽车公司Chrysler，20世纪七八十年代高管发言，发现环境因素更多地出现在公司绩差时期，而管理行为更多地出现在公司绩优时期。Baginski（2000）选取2 085份管理层盈余预测分析发现，公司更多地把好消息归因于内部因素，更多地把坏消息归因于外部因素，存在明显的自利性业绩归因倾向。Clatworthy和Jones（2006）以英国公司为研究样本，发现业绩极优公司更多地提及了战略决策等内部因素，而业绩极差公司更多地强调了竞争环境等外部因素。

自利性业绩归因不仅存在于西方国家上市公司，东方国家上市公司亦存在自利性业绩归因倾向。Tsang（2002）以新加坡上市公司为研究对象，重复Bettman和Weitz（1983）的研究，得到了相似的结论。Hooghiemstra（2008）对比美国和日本上市公司，发现两国上市公司都普遍存在自利性业绩归因倾向。孙蔓莉等（2007）以非典疫情为研究背景，对比分析受之影响业绩上涨的医药行业和受之影响业绩下降的旅游餐饮行业上市公司业绩归因，发现医药行业更多地强调了管理层的经营工作，而旅游餐饮行业几乎把绩差全部归咎于突发的非典疫情。孙蔓莉等（2013）通过案例分析，发现2005年至2010年人民币一直处于单边升值状态，而该期间纺织业上市公司业绩越差，其归因于外部环境的倾向越强。

然而，部分学者发现绩差公司并非总是表现出强烈的自利性业绩归因倾向。Salancik和Meindl（1984）研究发现，绩差公司归因自利性程度与业绩稳定性有关，业绩不稳定的公司其自利性程度有所减弱。孙蔓莉等（2005）研究发现，亏损公司进行业绩归因时更可能提及内部管理方面的问题，认为这是因为绩差公司自利性业绩归因容易招致投资者反感，所以管理层业绩归因时更加小心。

2.1.2 自利性业绩归因的影响因素

关于自利性业绩归因的影响因素，已有文献从国家层面、公司层面以及管理者个体层面展开了研究。

（1）国家层面

从东西方文化差异角度，Mcgill（2000）选取个人主义倾向和集体主义倾向明显的美国和泰国两个国家，以大学管理学院学生为对象，对其业绩归因倾向差异进行了分析。实验内容为假定自己为某公司经理，对不甚理想的公司业绩表现进行归因。实验结果发现，美国大学生归因时倾向于强调个人因素，而泰国大学生归因时则倾向于强调外部因素。Hooghiemstra（2008）的研究对比了美国和日本两国绩差公司业绩归因，发现尽管两国公司都存在明显的自利性倾向，但是与美国公司相比，日本公司归因于外部因素的自利性倾向更加明显。还有Halim和Chew（2008）发现与西方国家美国相比，亚洲国家日本和新加坡公司自我宣扬和自我保护的倾向更加明显。

除了文化，监管环境和诉讼成本也是导致不同国家上市公司自利性业绩归因呈现出差异的重要因素。Aerts和Tarca（2010）以172家来自四个不同国家（英国、澳大利亚、美国及加拿大）和五个不同行业（建筑材料、食品加工、制药、生物技术及零售）的上市公司为研究样本，发现与英国和澳大利亚相比，监管和诉讼成本更高的美国和加拿大，其上市公司业绩归因的自利性程度更低。

另外，孙蔓莉等（2012）研究发现与中国和日本相比，美国上市公司的自利性业绩归因程度最强。这是因为美国上市公司股权相对分散，是代理型公司治理模式的典型代表，这种模式下股东主要依据公开信息对管理层进行监督和激励，因此信息不对称下管理层既有动机又有能力操纵业绩归因信息。

（2）公司层面

已有研究发现，上市公司盈余管理和自利性业绩归因之间存在关联。这是因为面临业绩压力，上市公司往往会操纵财务信息，而为了合理化和合法化盈余结果，管理层会拼凑理由来诠释当期业绩变动，从而表现出更强的自利性倾向。

Aerts和Cheng（2011）通过分析我国IPO公司招股说明书中业绩归因信息发现，公司盈余管理越严格，自利性程度越高，两者步调一致。Aerts和Zhang（2014）采用计算机技术获取大样本业绩归因语句，研究发现上市公司应计盈余管理的同时，会通过增加业绩归因语句来加强业绩的合理性，从而减轻投资者对盈余操纵的担忧。程新生等（2015）以盈余重述的上市公司为研究样本，发现“管理层讨论与分析”中文本信息通常用作掩盖盈余管理的工具。孙蔓莉和郑天娇（2016）以煤炭价格上涨为研究背景，分析相关产业链上游电煤采掘业和下游火力发电业上市公司盈余管理与自利性业绩归因的关系，发现两者具有同步性。孙蔓莉等（2018）以厦华电子为案例公司，同样发现业绩归因信息操纵与盈余管理同步，厦华电子通过盈余管理扭亏为盈的同时，把业绩改善归因于有效的成本控制等管理工作。

（3）管理者个体层面

除了情境因素，现有研究还关注到管理者个体特征对自利性业绩归因的作用。Staw等（1983）简要分析了管理者年龄、任期和薪酬对自利性业绩归因可能产生的影响，但是关于这方面的实证结果却并不理想。Gooding和Kiniki（1995）的研究未发现上述管理者个体特征与自利性业绩归因之间有统计上的显著关系。

2.1.3 自利性业绩归因的经济后果

自利性业绩归因经济后果方面，已有研究发现自利性业绩归因对管理者过度自信、公司未来业绩、投资者行为等方面存在重要影响。

(1) 管理者过度自信

归因理论认为个体对自身的认知取决于对失败和成功的理解。个体把失败结果归因于内部因素可能会降低自尊，而把失败结果归因于外部因素则有助于维护自尊并且保持自信（刘永芳，2010）。因此当管理层鼓吹自身功绩，忽视外部有利经济环境的贡献时，这种自我宣扬式的归因倾向容易导致管理层盲目自大（孙蔓莉等，2019）。

Billett和Qian（2008）研究发现，当管理层把本应该归因于运气的成功并购案例归功于自身时容易过度自信。Choi和Lou（2013）以共同基金经理为研究对象，发现倾向自利性业绩归因的基金经理，因为过度自信容易把资本投资于他们自身不熟悉的领域。Li（2010）研究发现倾向自利性业绩归因的管理者讨论未来盈余的意愿更加强烈，并且未来盈余预测更加乐观。Libby和Rennekamp（2012）以康奈尔大学MBA学生为研究对象，通过实验发现被试对第一轮测试结果的归因倾向越自利，越有可能对第二轮测试表现出自信，进而对未来表现做出承诺的可能性越大。侯巧铭等（2015）研究发现，倾向自利性业绩归因的管理层，因为过度自信更有可能进行非效率投资。

(2) 公司未来业绩

Salancik和Meindl（1984）认为，无论绩优公司还是绩差公司，归因于内部因素有益于留给股东尽在管理层掌控中的印象，由此可以增强股东信心，提振员工工作热情，从而有助于公司的长远发展。Salancik和Meindl（1984）随机选取18家公司“写给股东的信”，发现自利性业绩归因与未来业绩正相关。然而Weitz（1983）却认为自利性业绩归因歪曲了公司业绩变化的真正动因，不采取措施改变低效战略，也就无法改善公司未来业绩。Staw等（1983）分析每股收益巨幅变动的财富500强公司81份“写给股东的信”，发现自利性业绩归因虽然提高了股价，但是降低了公司未来业绩。Clapham和Schwenk（1991）结合Staw等（1983）与Salancik和Meindl（1984）的研究方法，以20家处于管制环境中的天然气和公用事业行业公司年报“董事长致辞”为研究对象，发现自利性业绩归因倾向与公司未来业绩负相关。蒋艳辉和冯楚建（2014）以创业板上市公司年报“管理层讨论与分析”为研究对象，发现业绩归因自利性程度与公司未来业绩负相关。孙蔓莉等（2019）以被特殊处理（Special Treatmented）上市公司为研究对象，发现自利性业绩归因程度越强，随后陷入财务危机的可能性越高。另外从管理者过度自信角度，现有研究同样发现自利性业绩归因往往负面影响上市公司未来业绩（Billett and Qian，2008；Choi and Lou，2013；侯巧铭等，2015）。

（3）投资者决策

上市公司自利性业绩归因的动机在于加强（或减弱）投资者对上市公司未来业绩的向上预期（或向下预期），那么实际上投资者是如何反应的呢？一方面，自利性业绩归因可能积极作用于投资者决策。Staw等（1983）发现上市公司自利性业绩归因提高了股价。Salancik和Meindl（1984）认为管理者自利性业绩归因有助于取得股东的信任，从而可以提升股价。Baginski（2000）发现管理者自利性业绩归因倾向越强，投资者对其盈余预测反应越积极。孙蔓莉等（2013）以人民币单边持续升值为研究背景，发现不利环境中纺织业上市公司的自利性业绩归因对股价起到了支撑作用，减缓了盈余下降带来的股价下跌。姚德权和杨华沙（2014）发现上市公司自利性业绩归因强化了投资者对绩优公司未来业绩的积极预期，从而与累计超额收益率正相关。

另一方面也存在相反的证据。Schwenk（1990）研究表明，如果投资者认为管理层存在自利性业绩归因行为，会对管理层产生不信任感，进而给予负面评价。Aerts和Cheng（2012）以我国IPO公司招股说明书中的业绩归因为研究对象，发现绩优公司自利性业绩归因程度越高，发行溢价越高，但是绩差公司则不然，其自利性业绩归因程度越高，发行溢价越低。

近年来学者研究发现，业绩归因的合理性是自利性业绩归因如何作用于投资者决策的重要条件。Barton和Mercer（2005）针对124名分析师进行的一项实验结果表明，如果分析师认定公司自利性业绩归因合理，会给予更高的盈余预测和股票估值，反之如果分析师认为公司自利性业绩归因不合理，那么适得其反，会给予更低的盈余预测以及更高的资本成本。孙蔓莉等（2017）通过实验发现，绩差公司自利性业绩归因如果合理，则有助于提高投资者对其管理层的评价以及对公司未来业绩的预期。Kimbrough和Wang（2014）则探讨了投资者如何判别上市公司自利性业绩归因合理与否，该研究表明行业内发布坏消息的公司越多，或者公司与行业的盈余同步性越高，绩差公司自利性业绩归因受到的市场惩罚越小，行业内发布坏消息的公司越多，或者公司与行业的盈余同步性越低，绩优公司自利性业绩归因得到的市场回报越高。

2.1.4 自利性业绩归因方面的文献评述

虽然自利性业绩归因领域的研究逐渐丰富，但是仍然存留着大量待检验的问题，尤其缺乏大样本的实证研究。自早期研究关注自利性业绩归因的存在性和表现形式，现有研究主要探讨了自利性业绩归因的影响因素和经济后果。但是影响因素方面，现有研究仅限于探讨产生或促使自利性业绩归因的因素，忽略了自利性业绩归因的限制性因素。经济后果方面，则几乎都是采用活动者视角，重心在于考察自利性业绩归因对公司未来发展，以及对外部信息使用者行为的影响，鲜少研究基于观察者视角，探讨外部信息使用者对上市公司自利性业绩归因的影响。因此从观察者角度，分析上市公司自利性业绩归因的限制性因素，将有助于进一步揭示上市公司业绩归因信息披露的决策模型。

2.2 分析师外部治理机制方面的文献回顾

分析师优于一般投资者的信息渠道以及专业能力，使其研究报告成为投资者评估上市公司价值的重要依据，进而影响上市公司诸多行为。下面从分析师的信息中介角色，以及分析师对上市公司行为的影响等两个方面，对相关文献进行回顾。

2.2.1 分析师的信息中介角色

Jensen和Meckling（1976）指出，分析师作为资本市场重要的信息中介可以缓解所有权与控制权分离而产生的代理问题，从而降低信息不对称水平。一方面，分析师通过专业能力可以分析并且整合复杂分散的公开信息，向一般投资者提供容易理解的信息；另一方面，分析师通过与管理层沟通、实地调研等途径可以提供增量信息。

大量研究基于分析师盈余预测、评级调整以及目标股价的投资者反应，为分析师的信息中介角色提供了证据。Lys和Sohn（1990）研究表明，分析师盈余预测向投资者提供了增量信息；Stickel（1992）研究发现，分析师盈余预测调整影响了公司股价，而且这种影响可以持续至盈余预测调整后六个月之久，另外其调整幅度可以反映信息含量的多少（Stickel，1992；朱红军等，2008）；吴东辉和薛祖云（2005b）研究发现，按照分析师盈余预测建立的交易策略可以取得超额回报；Womack（1996）研究则发现，分析师的评级调整可以引起强烈的投资者反应；Francis和Soffer（1997）研究发现，盈余预测和评级调整包含的信息不完全相同，可以相互补充为市场提供增量信息；Brav和Lehavy（2003）研究发现，分析师目标股价调整与超额收益正相关，表明其具有信息含量；已有研究还基于盈余公告漂移现象，发现分析师关注可以使股票价格更加快速地反映上市公司盈余信息，从而提高市场信息效率（Ayers and Freeman，2003；朱红军等，2007；Zhang，2008）；伊志宏等（2019）研究发现，分析师研究报告中有关公司的负面信息可以减小股价波动的剧烈程度。

另外已有研究从股价同步性角度，探讨了分析师具体向市场提供了市场与行业层面信息还是公司特质信息。Piotroski和Roulstone（2004）研究发现，分析师关注与股价同步性正相关，认为这是因为与机构投资者相比，分析师取得公司特质信息的渠道受限，所以分析师倾向于向投资者提供市场与行业层面信息。与此一致，Chan和Hameed（2006）以新兴市场国家为研究对象，发现新兴市场国家的分析师研究报告主要提供了市场与行业层面信息，认为这是因为尽管新兴市场国家对公司特质信息的需求更加强烈，但是产权保护制度相对弱的情况下，基于公司特质信息进行风险套利的行为受到限制，同时分析师收集公司特质信息的成本相对而言较高。基于我国的相关研究结论则并不一致，朱红军等（2007）研究发现分析师关注与股价同步性负相关，认为分析师更多地提供了公司特质信息。反之冯旭南和李心愉（2011）却发现，分析师研究报告中关于市场与行业层面的信息更加普遍。

Liu（2011）区分分析师评级调整中不同信息的属性，通过市场、行业以及公司等三个层面信息的投资者反应，研究发现平均而言分析师评级调整包含公司特质信息的情况最为普遍，但是受到与公司价值相关性大小的影响。当公司价值与公司特质信息相关性更大时，分析师倾向于提供公司特质信息，当公司价值与行业资产组合价值的相关性大时，则倾向于提供行业层面信息。Crawford等（2012）指出分析师提供公司特质信息还是行业层面信息，取决于收集和处理信息的成本，以及分析师之间的竞争。就关注度低的上市公司而言，分析师提供行业层面信息也足够有价值。但是随着该上市公司关注度提高，如果分析师想脱颖而出，需要提供公司特质信息来彰显价值。

2.2.2 分析师对上市公司行为的影响

分析师不只是被动地接收上市公司信息，同时可以影响上市公司诸多行为。然而，关于分析师是降低上市公司代理成本，还是加剧管理层机会主义行为，现有研究存在两个对立的观点：有效监督假说和市场压力假说。

（1）有效监督假说

一方面分析师可以通过挖掘并且传播信息，降低上市公司内部与外部信息不对称水平来约束管理者不当行为（Jensen and Meckling，1976）。另一方面分析师可以借助其市场影响力，发挥声誉机制来规范管理者行为。Healy和Palepu（2001）研究发现分析师收集信息过程中可以发现管理者的不当行为。Dyck等（2008）研究发现分析师是直接参与揭露上市公司欺诈行为的举报者之一。潘越等（2011）研究发现分析师全方位的信息挖掘可以降低管理层掩藏负面消息的空间，提高股价的信息含量，降低股价崩盘风险。Yu（2008）研究发现分析师关注可以抑制上市公司应计盈余管理，从而提高财务信息质量。

然而Degeorge等（2013）却认为，只有金融发达国家分析师关注才可能抑制公司盈余信息操纵，金融欠发达国家分析师关注无法有效监督公司盈余操纵行为，这是因为两者的关系受到信息供给、投资者信息需求、社会监督、分析师素质等诸多方面的影响。但是李春涛等（2014）基于我国制度背景发现，分析师关注降低了上市公司盈余管理以及报告微利的可能性，可是该作用仅限于声誉风险相对高的知名上市公司。郑建明等（2015）同样指出，随着分析师关注程度的提高，公司披露虚假业绩预告信息的可能性有所下降。

分析师关注除了可以提高上市公司财务信息披露质量，还可以影响上市公司经营决策。已有研究发现分析师关注降低了上市公司股权融资成本，分析师关注少的上市公司倾向于债权融资（Bowen et al.，2008；Chang et al.，2006）。张纯和吕伟（2009）发现分析师关注抑制了上市公司过度投资。Chen 等（2015）研究发现，上市公司分析师关注越少，其管理者领取超额薪酬的可能性越高，越有可能进行损害公司价值的并购活动以及盈余管理。而分析师负面评级可以加大管理者被解聘的可能性（Chang et al.，2006）。已有研究还从内部交易视角，证实分析师关注可以抑制内部人机会主义行为（Frankel and Li，2004；李琳和张敦力，2017）。另外，宋常等（2016）研究发现分析师关注可以抑制管理者出于建造商业帝国的目的而耗费成本的机会主义行为。刘笑霞和李明辉（2018）研究发现，分析师关注可以抑制上市公司避税激进度。

（2）市场压力假说

另一方面没有达到分析师盈余预测的公司股价通常大幅下跌，因此管理者可能修改最优计划和预算以达到分析师盈余预测（Fuller and Jensen，2002），甚至可能违背股东价值最大化原则采取短视行为（Degeorge et al.，1999）。Doukas 等（2008）研究发现分析师关注加剧了上市公司过度投资。

He 和 Tian（2013）指出为了达到分析师盈余预测，管理层甚至会削减对公司长期发展至关重要的研发投入。然而以我国的制度背景，陈钦源等（2017）的研究却发现分析师有效缓解了上市公司创新过程中信息不对称以及代理问题，从而推动了创新绩效。对此陈钦源等（2017）做了如下解释：一方面，美国股权分散，一般投资者对短期股价大幅下跌的容忍度相对而言较低，表现欠佳的管理层被解聘的可能性非常高，与此相反，我国股权集中，通常而言大股东长期持有股票，对短期失败的容忍度相对而言较高；另一方面，美国控制权市场发达，股票价格被低估的上市公司被恶意收购的风险很大，与此相反，我国控制权市场和经理人市场并不完善，管理者主要由政府派任或者家族继承，不太可能受此影响。

但是国内研究也不乏支持市场压力假说的证据。李春涛等（2014）的研究发现，分析师虽然抑制了上市公司应计盈余管理以及报告微利的可能性，但是诱发了更多的真实盈余管理。翟胜宝等（2016）研究发现，因为分析师可以放大上市公司非标审计意见引起的投资者负面反应，所以分析师关注会促使上市公司购买审计意见。

2.2.3 分析师外部治理机制方面的文献评述

随着资本市场在经济发展中的重要作用日趋显现，分析师作为资本市场信息中介，其对投资者行为具有重要影响，进而影响上市公司诸多行为。

虽然分析师外部治理机制方面的研究相对丰富，然而相关分析师关注究竟发挥有效监督作用还是市场压力作用，仍然存在争议。可能原因是现有研究探讨分析师关注对上市公司行为的影响时，没有充分考虑声誉机制作用条件。包括声誉惩罚机制的有效性，对利益相关者而言声誉信息的重要性，上市公司管理自身声誉的积极性，以及上市公司财务状况等，这些都有可能影响管理层对声誉收益和风险的估计。举例而言，如果来自分析师的市场压力大于上市公司不当行为可能带来的声誉受损成本，那么市场压力假说占主导作用；反之，如果分析师关注使得管理者机会主义行为可能招致严重的声誉损失，其损失超出满足市场预期带来的收益，那么有效监督假说占主导作用。

另外，现有研究主要分析了分析师关注对上市公司财务信息披露与经营决策的影响，鲜少有文献探讨分析师关注对上市公司文本信息披露的影响，而这可能会低估分析师的外部治理角色。

3　理论基础

本章阐述与本书研究密切相关的两个理论，归因理论与委托代理理论，从而为后续研究提供坚实基础。其中归因理论侧重介绍利己主义归因偏向，包括定义、动因和限制条件，以及活动者和观察者的归因差异。委托代理理论则简单介绍逆向选择和道德风险问题。

3.1　归因理论

归因理论起源于心理学，是指为事件结果寻找原因的认知过程。根据归因的前因和后果，归因理论可以划分为归因认知论和归因效果论。归因认知论主要探讨个体如何进行归因；归因效果论主要探讨归因对个体情绪、动机和行为的影响。

心理学范畴的归因理论与哲学上关于因果关系的探讨不同。哲学意义上的因果关系主要关心因果关系是否客观普遍，同时强调两者之间的辩证关系。而心理学范畴的归因理论则着重探讨现实生活中人们的归因行为，不仅涉及日常生活中的零碎事件，而且事实上人们也并非采取严密的实验或逻辑方法寻找原因。现实生活中人们对事件结果做出的解释常常与客观实际不一致，存在系统性偏差，即所谓的归因偏向。下面将着重介绍与本书研究相关的利己主义偏向，以及活动者和观察者的归因差异。

3.1.1 利己主义偏向的定义

利己主义偏向是指人们居功自赏但是避免对失败负责的倾向。具体而言：面对积极的事件结果，个体倾向归因于内因；反之面对消极的事件结果，个体倾向归因于外因（Weiner，1971）。利己主义偏向存在于多个不同领域，包括教育、体育、政治、管理、财务会计等（Beckman et al.，1973；Snyder et al.，1976）。

3.1.2 利己主义偏向的动因

心理学领域关于利己主义偏向的动因，现有研究持有两种不同观点：认知偏向与动机偏向。

（1）认知偏向（Cognitive Explanation）

按照认知偏向观点，无论个体还是组织，通常而言都是凭直觉对事件结果进行归因（Miller and Ross，1975）。这种认知偏向导致信息加工和处理过程偏离正常水平。活动者对事件结果的预期也是导致利己主义偏向的重要原因（Miller and Ross，1975；Nisbett and Ross，1980）。人们决策之前通常是预期积极的事件结果，而如果事件结果与预期一致，认知系统会毫无障碍地接纳内部归因，反之如果事件结果与预期不一致，认知系统倾向于寻找外因来解释消极的事件结果。

（2）动机偏向（Motivational Explanation）

按照动机偏向观点，人们倾向于趋乐避苦。人之所以内在化积极事件结果的原因，而外在化消极事件结果的原因，是因为积极的事件结果通常可以带来正向的情感反馈，比如愉快、欢乐等，反之消极的事件结果通常会导致负向的情感体验，比如不快、痛苦等（Weiner，1980）。因此人出于本能倾向于把积极的事件结果归于自身，而把消极的事件结果归于环境。

动机偏向观点认为促使利己主义偏向的原因主要有三个方面：第一，维护和增强自我价值的动机。人可能无视客观信息进行利己归因来维护和加强自尊心。第二，保持良好形象的动机。马斯洛的需求层次理论指出社会活动的主要动机是取得他人的认可。把成功归功于自身，而把失败归因于环境有助于个体取得他人的认可。第三，避免认知失调和维持对环境控制感的动机。人对控制环境的能力总是过于自信。人面对成功的事件结果归因于自身能力可以感到对环境很有把握；反之面对失败的事件结果归因于环境，则可以加强认知上的协调感，有益于维护人对环境的控制感。以上受动机偏向驱动，面对成功的事件结果人可能表现出自我宣扬倾向，反之面对失败的事件结果人可能表现出自我保护倾向。

3.1.3 利己主义偏向的限制条件

任何归因情境中，除了促使利己主义偏向的因素外，同时还存在抑制这种现象的因素，使得利己主义偏向是有条件而不普遍的归因行为。了解利己主义偏向的限制条件，有助于澄清利己主义偏向非常普遍这种错误观点，同时还可以深化对利己主义偏向的理解。具体而言，利己主义偏向的限制条件包括以下几个方面：

(1) 事先对结果的预期

利己主义偏向并非取决于事件结果，而取决于人对事件结果的预期。当事件结果符合预期时，无论成功还是失败人都倾向于内部归因。反之当事件结果不符合预期时，无论成功还是失败人都倾向于外部归因。因此当个体预期自己成功时才有可能把成功结果归因于自身，而把失败结果归因于环境。当个体预期自己失败时反而可能会把成功的结果归因于环境，而把失败的结果归因于自身。

事实上，现实生活中人们并不总是预期自己成功。有关归因风格（Attribution Style）的大量研究表明，部分个体呈现出过于自责的归因风格，这类群体总是把失败归咎于自身。具有这种人格特征的个体，其归因不仅不具有利己主义偏向，反而具有损己倾向。

另外，尽管面对成功人的归因表现出高度一致的利己主义偏向，但是面对失败归因却存在个体差异。既有研究支持面对失败人的利己归因倾向（Snyder et al.，1976），也有研究持有对立观点（Ames，1975；Ross et al.，1974；Weary et al.，1982）。Duval and Silvia（2001）认为，面对失败人归因行为受到以下两种认知的影响：自我意识水平与对未来能否改变现有结果的可能性估计。总体而言，自我意识水平与利己主义偏向正相关，但是当预期未来可以改变现有失败结果时，自我意识水平高的人倾向于做出内部归因，而当预期未来无法改变现有失败结果时，自我意识水平高的人倾向于做出外部归因。

（2）行为结果对维护和增强自我价值的重要程度

如果利己主义偏向与维护和增强个人形象或价值有关，只有事件结果重大人才力图做出利己归因。反之，如果事件结果无关紧要或者不直接影响自我评价，利己主义偏向就会有所下降。例如，现实生活中人们对无关紧要的小事常常表现出担当，而对重大事件却不愿意承担责任，面对成功结果亦是如此。人对关乎自尊心的重大成功结果倾向于利己归因，对微不足道的成就则表现出无谓的态度。总而言之，利己主义偏向依赖于事件结果对自我评价的重要程度。

（3）对归因利己可能性的估计和权衡

利己主义偏向是否真的有利于提高活动者的形象和价值呢？不一定，取决于活动者对利己归因提高形象和价值的可能性评估（刘永芳，1998）。信息加工过程中人是理性的，试图满足自利性动机需要的同时也会估计可能的后果。即便利己归因的意愿非常强烈，也会权衡这种利己归因是否合理，能否为他人所接受。如果利己归因不利于维护和增强自我价值，活动者不会做出利己归因。

具体而言，人会权衡如下几个方面的因素：

第一，候选原因的合理性。人会尽可能合理化归因，这是因为即使自身也只会接受自认为合理的解释（Heider，1958）。人既是利己的也是理智的，利己动机驱使人进行满足自身需要的利己归因，但是理智又使人进行尽可能与现实符合的归因（孙蔓莉等，2017）。因此人是在利己需要和合理性之间做出权衡。如果某项因素不具备成为原因的资格，无法满足人的合理性需求，就不会作为原因出现。

第二，被他人否定的可能性。人归因时可能设想他人的看法。如果预期利己归因可能招致他人的反感则会控制利己主义偏向。也就是说人不仅倾向做出自身看来合理的归因，也倾向做出他人看来合理的归因（刘永芳，1998）。如果认为他人很有可能对其利己归因持有怀疑态度，即使自认为是合理的归因也会因为顾及他人的看法而有所克制，至少会进行修饰使其看似合理（刘永芳，1998；Wells，1977）。

第三，被随后行为否定的可能性。利己归因不仅有可能被他人否定，而且有可能被自身随后行为否定（刘永芳，1998）。如果不敢保证随后类似行为还会成功，过分的利己归因就有风险。面对失败的事件结果就不会过于强调运气不佳或命运不济，只有当预期未来不会再发生类似行为的情况下，才有可能表现出利己主义归因偏向（Wortman and Dintzer，1978）。

（4）矛盾的动机

即使利己归因可以满足合理性要求，但是如果存在以下动机，利己主义偏向仍然会受到限制。

第一，渴望正确的动机。利己动机除外，人还有尽可能使自己正确的动机。两者相互矛盾：一般而言，利己动机促使人做出不符合客观实际的不正确的归因，而渴望正确的动机驱使人做出正确的归因。Jones 和 Gerard（1967）指出，付诸行动之前往往渴望正确的动机占主导，使人谦虚地接纳来自各方的信息，即便是对自身不利的信息。但是一旦做出决定采取了行动，自我保护动机便胜过渴望正确的动机，从而表现出强烈的利己主义偏向。

第二，自我表现的动机。事实上并不能保证利己归因可以取得他人的尊重和认同，有时利己归因反而会招致他人的指责或耻笑。有时非利己归因，即把成功的事件结果归因于环境，把失败的事件结果归因于自身，反而可以赢得他人的尊重。这是因为社会的评价标准并非唯一，为了达到社会标准所采取的归因行为也多种多样。人不仅存在居功自赏或推责于外的利己动机，而且具有力图表现出谦虚坦率等个人特质的欲望，不愿意他人认为其自私自利。这种自我表现的动机会抑制利己主义偏向。

综上所述，尽管人人都有维护和增强自尊心的强烈需求，但是实际上归因行为会受到以上各种限制条件的约束，导致利己主义偏向呈现出个体差异。对利己主义偏向动因和限制条件的分析有助于充分而且全面地理解人的本性。简单而言，人虽然是利己的，但是合理的利己者。

3.1.4 活动者和观察者的归因差异

活动者和观察者视角的归因倾向存在明显的系统性差异。无论积极的事件结果还是消极的事件结果，面对同一事件结果，人作为活动者有把自身行为的原因外在化，反之作为观察者有把他人行为的原因内在化的归因偏向（Jones and Nisbett，1972；Watson，1982）。

关于这种归因偏向的动因存在两种观点。

第一种观点认为，上述归因差异是因为活动者和观察者拥有的信息量不同。一方面人更加了解自身的行为；另一方面人处在环境中会发现无法摆脱环境的制约，自身行为随环境的变化而变化。因此倾向把自身行为归因于环境。虽然他人的行为同样会受到环境条件的制约，但是由于对他人的行为了解不多，至少不像对自身行为那么熟悉。

第二种观点认为，活动者和观察者看待问题的角度不同导致了上述归因差异。在活动者看来自身的特质（如能力）是稳定的因素，因此认为起主导作用的是外部环境，反之观察者认为起主导作用的是个人的特质（郭星华，2010）。

3.2 委托代理理论

随着专业化分工的出现，公司所有者委托职业经理人管理公司已成为重要的公司治理模式。然而，一方面由于所有者与管理者的目标不甚一致，另一方面由于两者的信息不完全对等，资本市场往往存在逆向选择与道德风险问题。

3.2.1 逆向选择

逆向选择也就是柠檬车问题（Lemon Car Problems）。Akerlof

（1970）研究旧车市场发现，售车车主与买主之间的信息不对称导致逆向选择问题。这是因为车主可能会根据信息优势虚增价格，然而买方意识到车主的这种倾向，仅愿意用市场平均价格购买。此时质量优于平均价格的车主不愿出售退出市场，留下的都是质量低于平均价格的汽车。

同理，资本市场混杂着优质与劣质上市公司，鉴于投资者无法准确区分两者时，劣质上市公司通常会宣称自身是优质上市公司。对此，尽管投资者无法判别真假，但是意识到管理者存在说谎的可能，仅愿意以资本市场平均价格购入股票，导致优质上市公司被低估，而低质上市公司被高估。

逆向选择可以通过三种途径予以缓解。第一，由监管部门强制上市公司披露信息。例如，美国2002年通过的《萨班斯-奥克斯利法案》（Sarbanes-Oxley Act），其目的就在于提高上市公司信息披露水平，以缓解资本市场逆向选择问题。第二，上市公司主动披露额外信息来传递信号（Signaling）。优质上市公司可以通过信号传递来缓解信息不对称。但是如果优质上市公司传递的信号容易被低质上市公司模仿，信号就不再有效。此外上市公司也可以通过取得独立第三方的鉴证来传递优质信号。第三，资本市场信息中介，如分析师和媒体通过挖掘并传播信息，可以削弱管理层的信息优势。

3.2.2 道德风险

逆向选择出现在所有者寻找经理人（投资者寻找投资机会）的阶段，而所有者与经理人签订合同（投资者购入某上市公司股票）之后，则有可能面临道德风险问题。道德风险问题构成了代理问题的主要内容。具体是指，因为所有者无法时刻监督经理人的管理行为，并且所有者与经理人的目标存在冲突，所以信息优势的一方——经理人可能做出满足自身需求，但是有损所有者利益的行为。

尽管所有者与管理者可以签订薪酬契约，使两者的利益趋于一致，但是所有者依赖于管理层披露的信息来评估管理层是否按照契约执行，是否遵从所有者利益最大化原则。因此管理者有动机通过向所有者传递有失客观的信息来维持甚至提升其职位或薪酬水平。当信息传递成为谋利的手段时，具有信息优势的一方会选择性地输出信息，甚至会输出虚假信息（冯洪全等，1999）。这是因为上市公司管理活动的结果，既受经理人行为的影响，也受自然状态，即随机事件或环境因素的影响，但是自然状态往往又是经理人无法控制和准确预计的。作为非当事人，所有者很难得知上市公司管理活动的结果是经理人的行为所致，还是自然状态所造成的，因此如果经理人存在自利性动机，很有可能把不理想的管理活动的结果归咎于自然状态来操纵对外报告系统。

所有者可以通过完善内部治理机制激励和监督管理者，除此之外外部治理机制也可以发挥监督作用来抑制管理者的道德风险。比如，第一，监管者可以强制上市公司披露信息，以改善管理者独占信息的状况；第二，审计师可以监督并鉴证管理者对外报告财务信息的可靠性；第三，控制权市场和劳动力市场也可以产生监督的效果，这是因为如果管理层未善尽管理之责的话，将会成为接管对象，而且因为声誉不佳，很有可能在劳动力市场受挫；第四，分析师和媒体可以通过挖掘私有信息来判别管理者是否滥用资源。

4 上市公司不合理业绩归因测度及其有效性

本书旨在研究上市公司不合理业绩归因的外部治理机制。考虑到尚无文献直接度量不合理业绩归因，本章基于归因理论，构建上市公司不合理业绩归因的度量方法，并且通过机器学习算法浅层网络取得的大样本，检验该度量方法的有效性，从而为后续章节研究扫清障碍。

4.1 引言

归因理论指出人在归因时常常表现出对特定原因的系统偏好，即便这种归因不符合实际，即所谓的归因偏向（Attribution Bias）。利己主义偏向作为其中一种，是指人出于自利性动机，在归因过程中会对事件成因进行加工，以便归功于己，推责于外。上市公司年报“管理层讨论与分析”中，管理层对业绩成因做出的解释也存在该现象，即所谓的自利性业绩归因（Self-Serving Attribution Bias）。大量研究已证实：绩优时管理层倾向归因于内部管理，绩差时则倾向归因于外部环境（Baginski et al.，2000；Tsang，2002；Aerts and Cheng，2011；孙蔓莉等，2012）。

事实上，活动者（上市公司管理层）不仅是利己的，而且是理智的。利己的活动者倾向于进行满足自身需要的原因解释，而理智的活动者则会进行与客观现实一致的原因解释（孙蔓莉，2014）。这是因为观察者（外部信息使用者）只会认可合理归因，对不合理归因会给予负面评价（孙蔓莉等，2017）。美国资本市场就曾出现过这样一个典型案例：Delta航空公司曾把绩差归咎于“9·11”事件，类似的Winn-Dixie连锁超市也做出过同样的归因，对此分析师普遍认为航空公司的业绩归因合理，却无法相信恐怖袭击对于连锁超市会有实质性的影响（Farrell，2001）。Barton和Mercer（2005）通过一项实验发现，分析师会给予倾向不合理业绩归因的管理层非常负面的评价。孙蔓莉等（2013）以人民币持续单边升值作为背景，研究纺织行业上市公司自利性业绩归因及其对股价的影响，发现由于人民币升值的影响程度大而且持续时间长，投资者认可其自利性业绩归因，因此股价有积极反应。

可见，自利性业绩归因并不完全背离实际情况，只有经过粉饰的不合理业绩归因，即管理层人为编造、夸大或隐藏某些因素对业绩的影响，才不利于投资者准确评估上市公司真实价值，从而降低资本市场配置效率。

然而限于信息来源，学者很难直接认定每一家上市公司每一项自利性业绩归因是合理还是不合理。相关研究主要通过实验方法，人为设定一些因素指定合理与不合理业绩归因来展开讨论。例如，Barton和Mercer（2005）通过餐饮公司与地震震中的距离来衡量公司将绩差归因于地震是否合理；孙蔓莉等（2017）以党的十八大提出的限制公款消费高端白酒政策为背景，将高端白酒生产公司的政策归因视作合理业绩归因，而将其他红酒制造商的类似归因视作不合理业绩归因。

Kimbrough和Wang（2014）的研究，为度量上市公司不合理业绩归因提供了非常好的视角。Kimbrough和Wang（2014）研究发现，投资者根据上市公司与行业的盈余同步性判别其自利性业绩归因是否合理。借鉴这一研究发现，作者尝试按照上市公司自利性业绩归因是否符合投资者预期来度量自利性业绩归因的不合理程度。

归因理论提出，观察者（外部信息使用者）通过对比活动者（上市公司管理层）与其他个体（同行业其他上市公司）行为结果的一致性，来评估活动者的归因合理性。同一环境下，事件结果越相似（高一致性），表示环境因素对事件结果起的作用越大，即外部归因越合理；反之事件结果越不同（低一致性），事件结果越有可能来自于活动者之间的个体差异，即内部归因更为可信。例如，如果全行业业绩上涨（下跌），某上市公司的同步业绩上涨（下跌），更有可能是由于行业宏观经营环境有利；如果其他上市公司盈利（亏损），唯独某上市公司亏损（盈利），则说明起主导作用的不是相似的外部环境，而很可能是该上市公司管理水平低于（高于）同行业其他上市公司。因此，识别上市公司自利性业绩归因的合理性水平，关键要看上市公司与行业内其他上市公司的盈余同步程度。具体而言，假设行业内有三家上市公司A、B和C，这三家上市公司的业绩表现分别为优、良和差，自利性业绩归因程度分别为高、中和高。根据以上理论分析，可以推测C公司业绩表现差，极有可能是因为上市公司自身管理方面的问题，而非外部环境不利，因此其偏高的自利性业绩归因程度很有可能是不合理的。

基于以上分析，结合可操控应计利润和非效率投资的计算模型（Jones，1991；Richardson，2006），作者首次提出了上市公司不合理业绩归因的度量方法，即通过分行业和年度回归自利性业绩归因与业绩以及业绩变化，将其残差作为不合理业绩归因，并且采用机器学习算法浅层网络取得的大样本自利性业绩归因数据，以2007年至2019年A股非金融上市公司为研究样本，从经济后果角度检验了该度量方法的有效性。作者实证发现，不合理业绩归因降低了上市公司未来价值和会计业绩，与已有研究结论一致。这意味着作者构建的不合理业绩归因度量方法有效。

4.2 不合理业绩归因的度量方法

4.2.1 关键变量定义

Salancik和Meindl（1984）最早将归因理论应用到上市公司信息披

露，他们分别从绩优还是绩差、内因还是外因两个维度来评价业绩归因的自利性，具体操作步骤如下：第一步，判定一项归因对业绩具有提升效果还是降低效果（Positive或Negative）；第二步，确定这项归因的部位，即是内部归因还是外部归因（Internal或External）。这两个标准相交叉可以得到自利性业绩归因的具体评价标准。如表4-1所示，有利于业绩提升的内部归因（PI，Positive且Internal）是自我宣扬归因（Assertive Casual Bias）；致使业绩下降的外部归因（NE，Negative且External）是自我保护归因（Defensive Casual Bias）。而有利于业绩提升的外部归因（PE，Positive且External）和致使业绩下降的内部归因（NI，Negative且Internal）是非自利性业绩归因。目前大多数的业绩归因相关研究都采用了这一研究思路（Keusch et al.，2012；Aerts and Cheng，2011）。

表4-1 **业绩归因参数定义**

		归因（Attribution）	
		内因（Internal）	外因（External）
业绩（Performance）	绩优（Positive）	PI：绩优归于内因（Positive，Internal）	PE：绩优归于外因（Positive，External）
	绩差（Negative）	NI：绩差归于内因（Negative，Internal）	NE：绩差归于外因（Negative，External）

自利性业绩归因：PI−PE+NE−NI

鉴于非自利性业绩归因可以抵消自利性业绩归因的效果，作者通过两者之差，即自利性业绩归因减去非自利性业绩归因来表示业绩归因的自利性程度（Salancik and Meindl，1984；Aerts，2005；Kimbrough and Wang，2014）。Salancik和Meindl（1984）按照绩优和绩差公司，分别计算了自利性业绩归因程度，即绩优公司自利性业绩归因程度可用PI−PE计算，绩差公司自利性业绩归因程度可用NE−NI计算。作者则把这两个公式合并为一个公式，即PI−PE+NE−NI，这种做法不影响所得结果。

Aerts（2005）对Salancik和Meindl（1984）提出的模型进行了拓展，提出上市公司还会采用反向归因的形式强化业绩归因的自利性程度。而上述合并公式的做法也可以将反向归因的影响包含在内。绩优情况反向归因表现为：不仅不归因于有利外部因素，反而强调外部经营环境的恶化，以此进一步突出管理层对业绩上升的贡献。此时反向归因计为NE（Negative，External），增强了自利性业绩归因的自我宣扬程度。绩差情况反向归因表现为：不仅不反思管理失误，反而辩解管理层做了哪些有效的管理工作，从而减小业绩的下降幅度。此时反向归因计为PI（Positive，Internal），提高了自利性业绩归因中的自我保护程度。另外，考虑到不同交易所上市公司的年报长度可能有所差异，不同上市公司的语言表达习惯也不同，作者最终采用相对值来度量业绩归因的自利性程度，具体如公式（4.1）。

$$\text{Self-serving attribution} = (PI + NE - PE - NI)/(PI + NE + PE + NI) \tag{4.1}$$

在技术层面，自利性业绩归因数据使用内容分析法取得。上市公司年度报告“管理层讨论与分析”中，管理层会对业绩变动的原因进行说明。因此作者首先逐个判断这一部分的每一个段落是否属于业绩归因段落，如果该部分有表示因果关系的连词，如“由于”“因为”“导致”“所以”“原因在于”“受到……的影响”等，则归因指向清晰，非常容易判断。如果不含这种因果关系的词句，则需要从语义上判断其与业绩之间的因果关系，然后再根据具体内容，判别其业绩归因是自利性业绩归因还是非自利性业绩归因。作者基于每项归因的字数（含标点符号）为PI/PE/NI/NE赋值，而后根据公式（4.1）得出上市公司业绩归因的自利性程度（Self-serving attribution_Word）。考虑到业绩归因的字数和语句数并不相等，就如归因于各项事件的详细程度（字数）与归因事项的多少（语句数）存在区别，作者还基于每项归因的语句数（以逗号切分）为PI/PE/NI/NE赋值，计算了上市公司业绩归因的自利性程度（Self-serving attribution_Sent）。

另外，为了克服以往自利性业绩归因相关研究样本量偏少的局限性，作者引入机器学习算法浅层网络（FastText）取得大样本进行了分析，从而增强研究结果的稳健性。首先，抽取2 000份上市公司年报，按照上述方法进行人工标注，每一项归因的判断和赋值分别由两人独立进行，而后对比结果。存在意见分歧时由第三人加入讨论后再行判断，以最大程度避免衡量误差。其次，通过机器学习算法浅层网络对人工标注的训练集进行运算，得到最优文本分类模型。最后，使用该模型对样本期间所有上市公司年报“管理层讨论与分析”中的文本进行分类，得到每一份报告业绩归因不同参数（PI/PE/NI/NE）对应的字数和语句数。准确度检验结果显示，通过机器学习算法浅层网络提取业绩归因段落的准确度达到93.51%，判断归因类别的准确度达到87.36%。这说明通过机器学习算法浅层网络计算自利性业绩归因的结果可靠（Deng et al.，2018）。

直至目前，现有相关文献中只有Aerts和Zhang（2014）的研究，采用实用报表提取语言（Practical Extraction and Report Language，PERL）方法进行文本分析，采用大样本探讨了归因语句与盈余管理之间的关系，其样本涵盖了1999年至2007年美国上市公司年报。而与PERL程序语言不同，FastText是基于神经网络的高效文本分类算法。FastText模拟大脑处理信息学习文本的语义表示，并且在此基础上为文本分配预定义类别。通过FastText作者能够判别业绩归因的不同类别，进而计算自利性业绩归因，而不仅仅是识别归因语句。

4.2.2 回归模型

作者通过如下方法度量自利性业绩归因的不合理程度。第一步，构建自利性业绩归因（Self-serving attribution）对业绩（ROA）以及业绩变化（Sales growth）的函数，如模型（4.2）。通过分行业和年度回归模型（4.2），估计各项系数。第二步，通过第一步得到的估计系数，将公司实际业绩和业绩变化带入模型（4.3），计算公司自利性业绩归因的合理水平（Plausible attribution）。第三步，将公司实际自利性业绩归因与通过第二步得到的合理水平之差，认定为自利性业绩归因的不合理程度（Implausible attribution），如公式（4.4）所示。

$$\text{Self-serving attribution}_{it} = \beta_0 + \beta_1 \text{ROA}_{it} + \beta_2 \text{Sales growth}_{it} + \varepsilon_{it} \tag{4.2}$$

$$\text{Plausible attribution}_{it} = \beta_0 + \beta_1 \text{ROA}_{it} + \beta_2 \text{Sales growth}_{it} \tag{4.3}$$

$$\text{Implausible attribution}_{it} = \text{Self-serving attribution}_{it} - \text{Plausible attribution}_{it} \tag{4.4}$$

其中，下标i表示上市公司，下标t表示年度。自利性业绩归因（Self-serving attribution_Word和Self-serving attribution_Sent）的度量方法如上文介绍；业绩（ROA）以总资产收益率度量，具体等于净利润与年末总资产的比率；业绩变化（Sales growth）以营业收入增长率度量，具体等于该年度与上年度营业收入的比率再减1。行业采用了2012年中国证监会行业分类标准，并对制造业取了三位代码细分，同时剔除了行业和年度内上市公司少于10个的观测值。为了排除异常值的影响，作者对所有连续变量进行了上下1%的缩尾处理。变量定义见表4-2。

表4-2 **变量定义**

变量名称	变量符号	变量说明
自利性业绩归因	Self-serving attribution_Word	i上市公司t年度年报“管理层讨论与分析”中，自利性业绩归因字数减去非自利性业绩归因字数，具体而言，等于（PI+NE-PE-NI）/（PI+NE+PE+NI），其中IP是指将绩优归因于内部因素，EN是指将绩差归因于外部因素，EP是指将绩优归因于外部因素，IN是指将绩差归因于内部因素
	Self-serving attribution_Sent	i上市公司t年度年报“管理层讨论与分析”中，自利性业绩归因语句数减去非自利性业绩归因语句数，具体而言，等于（PI+NE-PE-NI）/（PI+NE+PE+NI），其中IP是指将绩优归因于内部因素，EN是指将绩差归因于外部因素，EP是指将绩优归因于外部因素，IN是指将绩差归因于内部因素
总资产收益率	ROA	i上市公司t年度净利润与年末总资产的比率
营业收入增长率	Sales growth	i上市公司t年度营业收入与上年度营业收入的比率再减1
行业	Industry	行业虚拟变量，行业分类标准采用2012年中国证监会行业分类标准，并对制造业取三位代码细分
年度	Year	年度虚拟变量

4.2.3 数据来源与样本选择

作者以2007年至2019年A股非金融上市公司作为初始研究样本，剔除变量缺失值后，最终不合理业绩归因的有效观测值共18 035个。上市公司年报“管理层讨论与分析”文本来源于中国研究数据服务平台（CNRDS）。其他上市公司数据均来自国泰安金融经济研究数据库（CSMAR）。

表4-3报告了样本行业分布结果。从行业分布来看，制造业（行业代码“C”）上市公司占大多数，比例达到了65.98%，住宿和餐饮业（行业代码“H”）上市公司占比最低，为总样本的0.06%。这与整体上市公司行业分布情况一致。为了缓解样本在制造业的聚类现象，作者对制造业取了三位代码以进一步细分，从而更加精确地控制行业层面的系统性差异。

表4-3 样本行业分布

行业（行业代码）	观测值	比例
农、林、牧、渔业（A）	318	1.76%
采矿业（B）	506	2.81%
制造业（C）	11 899	65.98%
电力、热力、燃气及水生产和供应业（D）	750	4.16%
建筑业（E）	511	2.83%
批发和零售业（F）	1 207	6.69%
交通运输、仓储和邮政业（G）	656	3.64%
住宿和餐饮业（H）	10	0.05%
信息传输、软件和信息技术服务业（I）	586	3.25%
房地产业（K）	784	4.35%
租赁和商务服务业（L）	177	0.98%
科学研究和技术服务业（M）	46	0.25%
水利、环境和公共设施管理业（N）	126	0.70%

续表

行业（行业代码）	观测值	比例
文化、体育和娱乐业（R）	120	0.67%
综合（S）	339	1.88%
Total	18 035	100%

表4-4报告了样本年度分布结果。从时间序列上来看，样本量呈现逐年增加的趋势，与我国资本市场不断发展壮大的实际情况相符。

表4-4 **样本年度分布**

年度	观测值	比例
2007	774	4.29%
2008	1 069	5.93%
2009	1 038	5.76%
2010	1 106	6.13%
2011	1 420	7.87%
2012	1 327	7.36%
2013	1 400	7.76%
2014	1 428	7.92%
2015	1 510	8.37%
2016	1 572	8.72%
2017	1 936	10.73%
2018	1 670	9.26%
2019	1 785	9.90%
Total	18 035	100%

4.2.4 描述性统计

表4-5报告了自利性业绩归因与不合理业绩归因的描述性统计结果。从结果来看，Self-serving attribution_$Word_{it}$的均值和中位数各为0.794和1.000，Self-serving attribution_$Sent_{it}$的结果与此相近。这说明平均而言，

上市公司业绩归因的自利性程度超过了0.5，而且过半上市公司的业绩归因百分之百都是对管理层有利的，显示出强烈的自利性倾向，这与以往研究结果一致（Tsang，2002；Clatworthy and Jones，2006；Aerts and Tarca，2010；孙蔓莉等，2012）。Implausible attribution_$Word_{it}$的均值和标准差各为0.519和0.473，Implausible attribution_$Sent_{it}$的结果与此相近。这说明，尽管不同报告业绩归因的自利性倾向普遍偏强，但是当剔除其中合理成分之后，剩余不合理业绩归因的程度则呈现出明显差异。

表4-5 **自利性业绩归因与不合理业绩归因描述性统计**

变量	观测值	均值	标准差	中位数	最小值	最大值
Self-serving attribution_Word	18 035	0.794	0.327	1.000	−0.771	1.000
Self-serving attribution_Sent	18 035	0.799	0.305	1.000	−0.667	1.000
Implausible attribution_Word	18 035	0.519	0.473	0.604	−0.954	1.618
Implausible attribution_Sent	18 035	0.523	0.461	0.597	−0.885	1.622

注：对所有连续变量进行了上下1百分位的缩尾处理；变量定义可见表4-2。

4.2.5 相关性分析

表4-6报告了自利性业绩归因与不合理业绩归因的相关性分析结果。从结果来看，自利性业绩归因与不合理业绩归因的相关关系，最低为0.561，而且都在1%的统计水平上显著。这表明，业绩归因的自利性程度越高，其中含有的不合理业绩归因就越多。

表4-6 **自利性业绩归因与不合理业绩归因相关性分析**

	变量	1	2	3	4
1	Self-serving attribution_Word	1			
2	Self-serving attribution_Sent	0.947***	1		
3	Implausible attribution_Word	0.622***	0.591***	1	
4	Implausible attribution_Sent	0.561***	0.595***	0.977***	1

注：***、**、*分别表示在1%、5%、10%统计水平上显著；对所有连续变量进行了上下1百分位的缩尾处理；变量定义见表4-2。

4.3 不合理业绩归因度量方法的有效性检验

接下来，作者从经济后果角度检验前述度量方法的有效性。如果实证结果符合以往理论假设或研究结论，则说明上文构建的不合理业绩归因度量方法有效。

4.3.1 不合理业绩归因的经济后果分析

自利性归因是过度自信的表现。根据心理学，人的心理活动与人格特征有关（Lewin，1939）。归因理论又指出，过度自信的人倾向于把成功的事件结果归因于自身因素，比如努力或能力，而把失败的事件结果归因于外部或偶然因素，比如运气不佳（Gilmore and Minton，1974；Fitch，1970）。另外，自利性归因反过来也会加强过度自信。这是因为对过去事件的归因认知影响与自我评价相关的情感反应，进而影响后续行为（Marecek and Mettee，1972；Weiner，2000）。如果一个人从积极结果中看到环境因素的影响，在消极结果中看到自身因素的影响，那么可以从过去经验中进行学习，提高未来绩效（Clapham and Schwenk，1991）。相反，如果一个人面对积极结果鼓吹自身功绩，而忽视外部有利环境的贡献，这种自我宣扬式的归因倾向容易造成盲目自大，从而降低风险意识（孙蔓莉等，2019）。

将其延伸至上市公司管理层业绩归因领域，自利性业绩归因可能歪曲公司业绩变化的真正动因，不采取措施改变低效战略，也就无法改善公司未来业绩（Weitz，1983）。具体而言，当上市公司盈利时，如果管理层总是对外部有利环境因素视而不见，只是归功于自身的经营有方，这种心理很可能导致过度自信，进而做出比较激进的投资和筹资活动，从而加大公司风险。反之，当上市公司亏损时，如果管理层一味归因于外部环境，不及时反思和总结，则不利于扭转颓势。又或者，自利性业绩归因可能掩盖管理过程中存在的过错，使股东高估现任管理层的管理绩效，造成劣币驱逐良币（姚德权和杨华沙，2014；孙蔓莉等，2017）。

已有大量文献通过实证研究发现，自利性业绩归因与上市公司未来业绩负相关。Clapham和Schwenk（1991）研究发现，自利性业绩归因负面影响上市公司未来价值。侯巧铭等（2015）指出，通过自利性业绩归因可以有效识别管理者是否过度自信，该研究发现自利性业绩归因会降低管理者风险意识，进而提高管理者进行非效率投资的可能性。Libby和Rennekamp（2012）研究发现，有过度自利性业绩归因倾向的上市公司，未来业绩更加不济。孙蔓莉等（2019）以被特殊处理（Special Treatmented）上市公司为研究对象，发现管理层自利性业绩归因程度越强，上市公司陷入财务危机的可能性越高，并且因为盈余管理，外部信息使用者难以准确把握公司财务状况的情况下，与盈余管理同步的自利性业绩归因可以更为及时地发挥预警作用。

相关的，Billett和Qian（2008）研究表明，当管理层把本应该归因于运气的成功并购案例归功于自身时，会促使其过度自信，并且很有可能在以后的并购交易中失败。Choi和Lou（2013）研究发现，基金经理自利性业绩归因倾向越强，越有可能把资本投资于自身不熟悉的领域，所选投资组合的表现越差。

综合以上研究发现，可以认为过度自利性业绩归因很有可能导致管理者过度自信，从而加大上市公司经营风险，降低未来价值。考虑到自利性业绩归因倾向越强，其中不合理业绩归因的成分越多，作者预计不合理业绩归因与上市公司未来业绩负相关。

4.3.2 模型设定与变量定义

作者通过回归模型（4.5），从经济后果角度检验不合理业绩归因度量方法的有效性。

$$\begin{aligned}\text{Performance}_{it+1} = {} & \beta_0 + \beta_1 \text{Implausible attribution}_{it} + \beta_2 \text{Firm size}_{it} + \beta_3 \text{Leverage}_{it} + \\ & \beta_4 \text{Firm age}_{it} + \beta_5 \text{Asset turnover}_{it} + \beta_6 \text{Sales growth}_{it} + \\ & \beta_7 \text{Industry competition}_{it} + \beta_8 \text{Top shareholder}_{it} + \\ & \beta_9 \text{Managerial ownership}_{it} + \beta_{10} \text{Institutional ownership}_{it} + \\ & \beta_{11} \text{Board size}_{it} + \text{Industry fixed effects} + \text{Year fixed effects} + \varepsilon_{it}\end{aligned} \quad (4.5)$$

其中，下标i表示上市公司，下标t表示年度。作者从以下两个方面度量上市公司业绩（Performance）：第一，Tobin Q，表示公司价值，等于市场价值除以年末总资产，其中市场价值等于总股数乘以年末收盘价再加年末总负债，该值越大表示上市公司价值越高；第二，ROA，表示会计业绩，等于净利润与年末总资产的比率。不合理业绩归因（$Implausible\ attribution\_Word_{it}$ 和 $Implausible\ attribution\_Sent_{it}$）的具体度量方法可见上文内容。根据作者预期，不合理业绩归因的估计系数（β_1）应该显著为负，表明不合理业绩归因降低了公司未来价值或会计业绩。

参考已有研究（Anderson and Reeb，2003；邓新明等，2014；邵帅和吕长江，2015），确定了如下控制变量：①公司规模，Firm size，等于年末总资产的自然对数；②负债水平，Leverage，等于年末总负债与总资产的比率；③上市年龄，Firm age，等于观测年度与上市年度之差；④资产周转率，Asset turnover，等于营业收入与年末总资产的比率；⑤营业收入增长率，Sales growth，等于该年度与上年度营业收入的比率再减1；⑥行业竞争度，Industry competition，用赫芬达尔-赫希曼指数（HHI）度量，具体等于各上市公司营业收入除以所处行业所有上市公司营业收入的平方之和，该值越大表示行业垄断程度越高，竞争程度越低；⑦第一大股东持股比例，Top shareholder，等于第一大股东持股数量与总股数的比率；⑧管理层持股比例，Managerial ownership，等于管理层持股数量与总股数的比率；⑨机构持股比例，Institutional ownership，等于机构投资者持股数量与总股数的比率；⑩董事会规模，Board size，等于董事会人数加1的自然对数。

最后，作者采用行业和年度固定效应模型控制了公司未来业绩在行业和时间层面上的系统性差异，其中行业采用2012年中国证监会行业分类标准，并对制造业取三位代码细分。为了排除异常值的影响，作者对所有连续变量进行了上下1%的缩尾处理。具体变量定义见表4-7。

表4-7 **度量方法有效性检验变量定义**

变量名称	变量符号	变量说明
公司价值	$Tobin\ Q_{it}$	i上市公司t年度市场价值除以年末总资产，市场价值等于总股数乘以年末收盘价再加年末总负债
会计业绩	ROA_{it}	i上市公司t年度净利润与年末总资产的比率
不合理业绩归因	Implausible attribution_Word	首先，分行业和年度回归以下模型估计各项系数，$Self\text{-}serving\ attribution\_Word_{it}=\beta_0+\beta_1 ROA_{it}+\beta_2 Sales\ Growth_{it}+\varepsilon_{it}$；其次，根据估计的各项系数计算上市公司合理业绩归因；最后，自利性业绩归因减去合理业绩归因，得到不合理业绩归因
	Implausible attribution_Sent	首先，分行业和年度回归以下模型估计各项系数，$Self\text{-}serving\ attribution\_Sent_{it}=\beta_0+\beta_1 ROA_{it}+\beta_2 Sales\ Growth_{it}+\varepsilon_{it}$；其次，根据估计的各项系数计算上市公司合理业绩归因；最后，自利性业绩归因减去合理业绩归因，得到不合理业绩归因
公司规模	$Firm\ size_{it}$	i上市公司t年度年末总资产的自然对数
负债水平	$Leverage_{it}$	i上市公司t年度年末总负债与总资产的比率
上市年龄	$Firm\ age_{it}$	i上市公司观测年度与上市年度的差
资产周转率	$Asset\ turnover_{it}$	i上市公司t年度营业收入与年末总资产的比率
营业收入增长率	$Sales\ growth_{it}$	i上市公司t年度与上年度营业收入的比率再减1

续表

变量名称	变量符号	变量说明
行业竞争度	$Industry\ competition_{it}$	i上市公司所处行业t年度赫芬达尔-赫希曼指数（HHI），具体等于各上市公司营业收入除以所处行业所有上市公司营业收入的平方之和
第一大股东持股比例	$Top\ shareholder_{it}$	i上市公司t年度第一大股东持股数量与总股数的比率
管理层持股比例	$Managerial\ ownership_{it}$	i上市公司t年度管理层持股数量与总股数的比率
机构持股比例	$Institutional\ ownership_{it}$	i上市公司t年度机构投资者持股数量与总股数的比率
董事会规模	$Board\ size_{it}$	i上市公司t年度董事会人数加1的自然对数
行业	Industry	行业虚拟变量，行业分类标准采用2012年中国证监会行业分类标准，并对制造业取三位代码细分
年度	Year	年度虚拟变量

4.3.3 数据来源与样本选择

作者选取2007年至2019年A股非金融上市公司作为初始样本，剔除变量缺失值后，最终得到公司年度观测值共15 056个。上市公司年报“管理层讨论与分析”文本来源于中国研究数据服务平台（CNRDS）。其他上市公司数据均来自国泰安金融经济研究数据库（CSMAR）。

样本行业分布和年度分布情况与上文结果相近，这里不做重复报告。

4.3.4 描述性统计

表4-8报告了变量描述性统计结果。从结果来看，Tobin Q_{it+1}的均值

和标准差各为2.051和1.432，ROA_{it+1}的均值和标准差各为0.029和0.070，说明不同公司未来业绩存在明显差异。Implausible attribution_$Word_{it}$的均值和标准差各为0.503和0.475，Implausible attribution_$Sent_{it}$的结果与此相近。这与上文结果基本一致，说明不同报告自利性业绩归因的合理性程度存在明显差异。其余变量的描述性统计量也与已有研究结果相近。

表4-8 **度量方法有效性检验变量描述性统计**

变量	观测值	均值	标准差	中位数	最小值	最大值
Tobin Q_{it+1}	15 056	2.051	1.432	1.585	0.864	9.667
ROA_{it+1}	15 056	0.029	0.070	0.030	−0.342	0.196
Implausible attribution_$Word_{it}$	15 056	0.503	0.475	0.588	−0.954	1.618
Implausible attribution_$Sent_{it}$	15 056	0.507	0.463	0.581	−0.885	1.622
Firm $size_{it}$	15 056	22.080	1.252	21.954	19.310	25.738
$Leverage_{it}$	15 056	0.470	0.210	0.470	0.065	0.985
Firm age_{it}	15 056	11.863	6.463	12.000	1.000	25.000
Asset $turnover_{it}$	15 056	0.666	0.467	0.559	0.055	2.650
Sales $growth_{it}$	15 056	0.178	0.455	0.107	−0.594	2.924
Industry $competition_{it}$	15 056	0.093	0.086	0.064	0.015	0.388
Top $shareholder_{it}$	15 056	0.353	0.151	0.336	0.084	0.748
Managerial $ownership_{it}$	15 056	0.081	0.166	0.000	0.000	0.671
Institutional $ownership_{it}$	15 056	0.063	0.074	0.035	0.000	0.353
Board $size_{it}$	15 056	2.271	0.176	2.303	1.792	2.773

注：对所有连续变量进行了上下1百分位的缩尾处理；变量定义见表4-7。

4.3.5 多元回归结果

表4-9报告了上市公司不合理业绩归因与公司未来价值以及会计业绩的回归结果。Panel A的因变量和自变量分别是Tobin Q_{it+1}与

Implausible attribution_$Word_{it}$；Panel B 的因变量和自变量分别是 ROA_{it+1} 与 Implausible attribution_$Word_{it}$；Panel C 的因变量和自变量分别是 Tobin Q_{it+1} 与 Implausible attribution_$Sent_{it}$；Panel D 的因变量和自变量分别是 ROA_{it+1} 与 Implausible attribution_$Sent_{it}$。

表4-9　上市公司不合理业绩归因对公司未来价值与会计业绩的影响

变量	Panel A	Panel B	Panel C	Panel D
	Tobin Q_{it+1}	ROA_{it+1}	Tobin Q_{it+1}	ROA_{it+1}
Implausible attribution_$Word_{it}$	-0.178^{***}	-0.026^{***}		
	(−5.644)	(−16.976)		
Implausible attribution_$Sent_{it}$			-0.197^{***}	-0.028^{***}
			(−5.918)	(−17.340)
Firm $size_{it}$	-0.667^{***}	0.003^{***}	-0.667^{***}	0.003^{***}
	(−21.821)	(4.098)	(−21.847)	(4.007)
$Leverage_{it}$	0.340^{**}	-0.087^{***}	0.349^{**}	-0.086^{***}
	(2.394)	(−18.111)	(2.458)	(−17.943)
Firm age_{it}	0.019^{***}	-0.000^{**}	0.019^{***}	-0.000^{**}
	(5.433)	(−2.000)	(5.445)	(−1.986)
Asset $turnover_{it}$	−0.051	0.018^{***}	−0.053	0.017^{***}
	(−1.049)	(8.536)	(−1.098)	(8.444)
Sales $growth_{it}$	−0.026	0.002	−0.033	0.001
	(−0.809)	(1.252)	(−1.037)	(0.771)
Industry $competition_{it}$	0.355	0.004	0.349	0.003
	(1.358)	(0.391)	(1.338)	(0.321)
Top $shareholder_{it}$	0.197^{*}	0.043^{***}	0.195^{*}	0.043^{***}
	(1.686)	(8.940)	(1.672)	(8.957)
Managerial $ownership_{it}$	-0.804^{***}	0.022^{***}	-0.807^{***}	0.021^{***}
	(−8.555)	(4.514)	(−8.591)	(4.437)

续表

变量	Panel A	Panel B	Panel C	Panel D
	Tobin Q_{it+1}	ROA_{it+1}	Tobin Q_{it+1}	ROA_{it+1}
Institutional $ownership_{it}$	2.427***	0.141***	2.416***	0.140***
	(11.582)	(15.547)	(11.536)	(15.462)
Board $size_{it}$	-0.203**	0.010***	-0.204**	0.010***
	(-2.116)	(2.673)	(-2.120)	(2.685)
Constant	15.750***	-0.064***	15.779***	-0.061***
	(25.564)	(-3.785)	(25.594)	(-3.616)
行业固定效应	Yes	Yes	Yes	Yes
年度固定效应	Yes	Yes	Yes	Yes
观测值	15 056	15 056	15 056	15 056
R^2	0.396	0.202	0.396	0.204

注：***、**、*分别表示在1%、5%、10%统计水平上显著；对所有连续变量进行了上下1百分位的缩尾处理；括号内为t值，标准误经过公司层面的聚类调整；变量定义见表4-7。

从结果来看，Implausible attribution_$Word_{it}$ 与 Implausible attribution_$Sent_{it}$的系数都显著为负，即上市公司不合理业绩归因降低了公司未来价值以及会计业绩，符合作者预期。这表明不合理业绩归因容易使得管理层盲目自大，亦或不利于管理层及时反思和总结，从而加大了上市公司经营风险。该结果符合已有研究结论，意味着作者构建的不合理业绩归因度量方法有效。

4.3.6 稳健性检验

接下来，对上述结论进行稳健性检验。作者通过公司固定效应模型，排除不可观测的不随时间变化的公司层面因素对上述结论的影响，尽管公司层面因变量或自变量的时间序列变化相对小可能会大大降低公司固定效应模型的检验效率（Zhou，2001）。

表4-10报告了公司固定效应模型的回归结果。Panel A的因变量和自变量分别是Tobin Q_{it+1}与Implausible attribution_$Word_{it}$；Panel B的因变量和自变量分别是ROA_{it+1}与Implausible attribution_$Word_{it}$；Panel C的因变量和自变量分别是Tobin Q_{it+1}与Implausible attribution_$Sent_{it}$；Panel D的因变量和自变量分别是ROA_{it+1}与Implausible attribution_$Sent_{it}$。

表4-10　　　　**稳健性检验1：采用公司固定效应模型**

变量	Panel A	Panel B	Panel C	Panel D
	Tobin Q_{it+1}	ROA_{it+1}	Tobin Q_{it+1}	ROA_{it+1}
Implausible attribution_$Word_{it}$	-0.076***	-0.011***		
	(-3.110)	(-7.182)		
Implausible attribution_$Sent_{it}$			-0.085***	-0.012***
			(-3.295)	(-7.179)
Firm $size_{it}$	-0.792***	-0.014***	-0.793***	-0.014***
	(-16.958)	(-6.600)	(-16.971)	(-6.632)
$Leverage_{it}$	0.687***	-0.034***	0.690***	-0.034***
	(5.110)	(-3.985)	(5.140)	(-3.946)
Firm age_{it}	0.006	0.015*	0.005	0.015*
	(0.094)	(1.889)	(0.074)	(1.875)
Asset $turnover_{it}$	0.019	0.013***	0.018	0.013***
	(0.254)	(2.753)	(0.240)	(2.737)
Sales $growth_{it}$	-0.025	0.009***	-0.028	0.009***
	(-0.911)	(4.908)	(-1.031)	(4.737)
Industry $competition_{it}$	-0.501	0.096***	-0.505	0.095***
	(-1.455)	(3.470)	(-1.468)	(3.447)
Top $shareholder_{it}$	0.051	0.059***	0.049	0.059***
	(0.238)	(4.176)	(0.229)	(4.172)

续表

变量	Panel A	Panel B	Panel C	Panel D
	Tobin Q_{it+1}	ROA_{it+1}	Tobin Q_{it+1}	ROA_{it+1}
Managerial $ownership_{it}$	-0.707^{***}	0.027^{**}	-0.710^{***}	0.026^{**}
	(-3.694)	(2.059)	(-3.709)	(2.032)
Institutional $ownership_{it}$	1.834^{***}	0.095^{***}	1.831^{***}	0.095^{***}
	(10.495)	(8.417)	(10.491)	(8.421)
Board $size_{it}$	-0.221^{*}	0.003	-0.220^{*}	0.003
	(-1.679)	(0.397)	(-1.670)	(0.420)
Constant	18.428^{***}	0.205^{***}	18.448^{***}	0.207^{***}
	(16.993)	(2.991)	(17.005)	(3.036)
公司固定效应	Yes	Yes	Yes	Yes
年度固定效应	Yes	Yes	Yes	Yes
观测值	15 056	15 056	15 056	15 056
R^2	0.303	0.078	0.303	0.078

注：***、**、*分别表示在1%、5%、10%统计水平上显著；对所有连续变量进行了上下1百分位的缩尾处理；括号内为t值，标准误经过公司层面的聚类调整；变量定义见表4-7。

从结果来看，Implausible attribution_$Word_{it}$与Implausible attribution_$Sent_{it}$的系数都显著为负，与上文结果一致。这意味着剔除不可观测的时不变公司层面因素之后，不合理业绩归因仍然降低了公司未来价值以及会计业绩。这与已有文献结果一致，表明作者构建的不合理业绩归因度量方法有效。

另外，前文包括计算不合理业绩归因的回归模型，以及不合理业绩归因的经济后果分析中，作者对制造业细分至三位代码（如C13、C14等），而对其他行业控制至一位代码（如A、B等）。在此，作者对制造业除外的其他行业也细分至三位代码，以更加严格地控制行业层面的系统性差异。

表4-11报告了变更行业分类方法后的回归结果。Panel A的因变量和自变量分别是Tobin Q_{it+1}与Implausible attribution_$Word_{it}$；Panel B的因变量和自变量分别是ROA_{it+1}和Implausible attribution_$Word_{it}$；Panel C的因变量和自变量分别是Tobin Q_{it+1}与Implausible attribution_$Sent_{it}$；Panel D的因变量和自变量分别是ROA_{it+1}与Implausible attribution_$Sent_{it}$。

表4-11　　　**稳健性检验2：变更行业分类方法**

变量	Panel A	Panel B	Panel C	Panel D
	Tobin Q_{it+1}	ROA_{it+1}	Tobin Q_{it+1}	ROA_{it+1}
Implausible attribution_$Word_{it}$	-0.175^{***}	-0.025^{***}		
	(-5.579)	(-16.385)		
Implausible attribution_$Sent_{it}$			-0.191^{***}	-0.027^{***}
			(-5.788)	(-16.688)
Firm $size_{it}$	-0.666^{***}	0.003^{***}	-0.667^{***}	0.003^{***}
	(-21.366)	(4.007)	(-21.390)	(3.931)
$Leverage_{it}$	0.322^{**}	-0.086^{***}	0.330^{**}	-0.085^{***}
	(2.262)	(-18.046)	(2.318)	(-17.908)
Firm age_{it}	0.018^{***}	-0.000^{**}	0.018^{***}	-0.000^{**}
	(5.515)	(-2.113)	(5.527)	(-2.095)
Asset $turnover_{it}$	-0.058	0.018^{***}	-0.060	0.018^{***}
	(-1.172)	(8.750)	(-1.217)	(8.660)
Sales $growth_{it}$	-0.022	0.003^{*}	-0.028	0.002
	(-0.659)	(1.693)	(-0.854)	(1.243)
Industry $competition_{it}$	0.469^{*}	-0.006	0.466^{*}	-0.006
	(1.742)	(-0.533)	(1.729)	(-0.582)
Top $shareholder_{it}$	0.200^{*}	0.040^{***}	0.199^{*}	0.040^{***}
	(1.697)	(8.038)	(1.689)	(8.067)
Managerial $ownership_{it}$	-0.782^{***}	0.022^{***}	-0.785^{***}	0.022^{***}
	(-8.334)	(4.710)	(-8.369)	(4.634)

续表

变量	Panel A	Panel B	Panel C	Panel D
	Tobin Q_{it+1}	ROA_{it+1}	Tobin Q_{it+1}	ROA_{it+1}
Institutional $ownership_{it}$	2.481***	0.145***	2.471***	0.144***
	(12.066)	(15.902)	(12.029)	(15.826)
Board $size_{it}$	-0.140	0.009**	-0.140	0.009**
	(-1.486)	(2.250)	(-1.489)	(2.261)
Constant	15.752***	-0.060***	15.775***	-0.058***
	(24.329)	(-3.252)	(24.348)	(-3.122)
行业固定效应	Yes	Yes	Yes	Yes
年度固定效应	Yes	Yes	Yes	Yes
观测值	14 198	14 198	14 198	14 198
R^2	0.403	0.211	0.403	0.213

注：***、**、*分别表示在1%、5%、10%统计水平上显著；对所有连续变量进行了上下1百分位的缩尾处理；括号内为t值，标准误经过公司层面的聚类调整；变量定义见表4-7。

从结果来看，Implausible attribution_$Word_{it}$与Implausible attribution_$Sent_{it}$的系数都显著为负，与前述结果一致。这意味着，更加严格地控制行业层面系统性差异之后，不合理业绩归因对公司未来价值以及会计业绩仍然具有负面影响，与已有文献结果一致。

4.3.7 进一步分析

上文结果表明，不合理业绩归因降低了T+1期公司价值以及会计业绩。这部分，作者进一步探讨不合理业绩归因对T+2期以及T+3期公司价值和会计业绩的影响。

表4-12报告了进一步分析结果。Panel A至Panel D的自变量是Implausible attribution_$Word_{it}$，因变量分别是Tobin Q_{it+2}，ROA_{it+2}，Tobin Q_{it+3}，ROA_{it+3}。Panel E至Panel H的自变量是Implausible attribution_$Sent_{it}$，因变量分别是Tobin Q_{it+2}，ROA_{it+2}，Tobin Q_{it+3}，ROA_{it+3}。

表4-12 进一步分析结果

变量	Panel A	Panel B	Panel C	Panel D	Panel E	Panel F	Panel G	Panel H
	Tobin Q_{it+2}	ROA_{it+2}	Tobin Q_{it+3}	ROA_{it+3}	Tobin Q_{it+2}	ROA_{it+2}	Tobin Q_{it+3}	ROA_{it+3}
Implausible attribution_$Word_{it}$	-0.176^{***}	-0.019^{***}	-0.116^{***}	-0.018^{***}				
	(−4.981)	(−10.773)	(−2.741)	(−9.610)				
Implausible attribution_$Sent_{it}$					-0.204^{***}	-0.021^{***}	-0.139^{***}	-0.019^{***}
					(−5.433)	(−11.229)	(−3.110)	(−10.157)
Firm $size_{it}$	-0.651^{***}	0.002^{**}	-0.621^{***}	0.001	-0.652^{***}	0.002^{**}	-0.621^{***}	0.001
	(−20.021)	(2.279)	(−17.922)	(1.323)	(−20.055)	(2.202)	(−17.943)	(1.267)
$Leverage_{it}$	0.298^{*}	-0.068^{***}	0.271	-0.056^{***}	0.311^{*}	-0.068^{***}	0.282	-0.055^{***}
	(1.881)	(−13.503)	(1.499)	(−9.907)	(1.960)	(−13.334)	(1.557)	(−9.766)
Firm age_{it}	0.009^{**}	−0.000	0.010^{**}	0.000	0.009^{**}	−0.000	0.010^{**}	0.000
	(2.373)	(−1.005)	(2.170)	(0.462)	(2.392)	(−0.985)	(2.177)	(0.467)
Asset $turnover_{it}$	-0.098^{*}	0.018^{***}	-0.110^{*}	0.017^{***}	-0.101^{*}	0.018^{***}	-0.113^{*}	0.017^{***}
	(−1.845)	(8.914)	(−1.820)	(8.185)	(−1.910)	(8.847)	(−1.865)	(8.129)
Sales $growth_{it}$	−0.042	-0.003^{*}	−0.013	-0.009^{***}	−0.052	-0.004^{**}	−0.021	-0.009^{***}
	(−1.215)	(−1.866)	(−0.316)	(−4.526)	(−1.506)	(−2.187)	(−0.520)	(−4.801)
Industry $competition_{it}$	0.504^{*}	−0.014	0.723^{**}	-0.023^{*}	0.499	−0.014	0.719^{**}	-0.024^{**}
	(1.651)	(−1.174)	(2.346)	(−1.961)	(1.632)	(−1.230)	(2.333)	(−2.008)

续表

变量	Panel A	Panel B	Panel C	Panel D	Panel E	Panel F	Panel G	Panel H
	Tobin Q_{it+2}	ROA_{it+2}	Tobin Q_{it+3}	ROA_{it+3}	Tobin Q_{it+2}	ROA_{it+2}	Tobin Q_{it+3}	ROA_{it+3}
Top $shareholder_{it}$	0.294**	0.046***	0.217	0.046***	0.290**	0.046***	0.213	0.046***
	(2.291)	(8.630)	(1.535)	(8.351)	(2.267)	(8.635)	(1.506)	(8.325)
Managerial $ownership_{it}$	−0.784***	0.020***	−0.718***	0.017***	−0.789***	0.020***	−0.722***	0.017***
	(−7.068)	(3.568)	(−5.739)	(2.893)	(−7.107)	(3.517)	(−5.767)	(2.837)
Institutional $ownership_{it}$	1.573***	0.121***	0.728***	0.088***	1.555***	0.120***	0.712***	0.087***
	(7.225)	(12.783)	(3.386)	(8.828)	(7.140)	(12.682)	(3.310)	(8.736)
Board $size_{it}$	−0.196*	0.011**	−0.220*	0.010**	−0.197*	0.011**	−0.221*	0.010**
	(−1.878)	(2.570)	(−1.871)	(2.162)	(−1.887)	(2.565)	(−1.883)	(2.139)
Constant	16.546***	−0.045**	16.217***	−0.021	16.587***	−0.042**	16.249***	−0.018
	(25.067)	(−2.417)	(23.094)	(−1.047)	(25.102)	(−2.285)	(23.112)	(−0.921)
行业固定效应	Yes	Yes	Yes	Yes	Yes	Yes	Yes	Yes
年度固定效应	Yes	Yes	Yes	Yes	Yes	Yes	Yes	Yes
观测值	13 080	13 437	11 215	11 565	13 080	13 437	11 215	11 565
R^2	0.367	0.142	0.348	0.118	0.368	0.143	0.348	0.119

注：***、**、*分别表示在1%、5%、10%统计水平上显著；对所有连续变量进行了上下1百分位的缩尾处理；括号内为t值，标准误经过公司层面的聚类调整；变量定义见表4-7。

从结果来看，Implausible attribution_$Word_{it}$与Implausible attribution_$Sent_{it}$的系数都显著为负，表明不合理业绩归因降低了T+2期乃至T+3期公司价值和会计业绩。这意味着，不合理业绩归因对公司价值以及会计业绩具有长期的负面影响。

4.4 本章小结

尽管上市公司普遍存在自利性业绩归因倾向，但是其并不完全背离实际情况，只有不符合客观实际的不合理业绩归因，才有损投资者利益，不利于资本有效配置。然而学者限于信息来源，加之处理文本信息的工作量很大，目前相关研究只限于理论上探讨不合理业绩归因，或者通过实验设计区分合理和不合理业绩归因来进行分析，尚无文献提出直接度量不合理业绩归因的方法。

基于此，作者按照归因理论，并且结合可操控应计利润和非效率投资的计算模型，首次构建了不合理业绩归因的度量方法。归因理论提出，观察者（外部信息使用者）通过对比活动者（上市公司管理层）与其他个体（同行业其他上市公司）行为结果的一致性来评估活动者的归因合理性。同样，已有研究发现投资者根据上市公司与行业的盈余同步性判别其自利性业绩归因是否合理。因此作者分行业和年度回归自利性业绩归因与公司业绩，进而把残差即偏离行业年度正常水平的自利性业绩归因认定为不合理业绩归因。

作者采用机器学习算法浅层网络取得的大样本上市公司自利性业绩归因数据，通过以上述方法计算了2007年至2019年所有非金融上市公司不合理业绩归因。结果表明，上市公司业绩归因的自利性程度越高，其中含有的不合理业绩归因越多。而且尽管不同报告业绩归因的自利性倾向普遍偏强，但是当剔除其中合理成分之后，剩余不合理业绩归因的程度呈现出明显差异。

为了检验该度量方法的有效性，作者从经济后果角度检验了不合理业绩归因对公司未来价值以及会计业绩的影响。根据已有研究结论，不合理业绩归因会促使管理者盲目自大或逃避责任，进而加剧公司经营风险，降低未来价值或会计业绩。以作者构建的不合理业绩归因指标，本章研究得到了与已有研究一致的结论，不合理业绩归因与公司未来价值以及会计业绩负相关，从而证实了该度量方法有效。进一步研究发现，上市公司不合理业绩归因对公司价值以及会计业绩具有长期负面影响。本章研究提出了稳健而且有效的度量上市公司不合理业绩归因的方法，为未来不合理业绩归因相关实证研究的开展扫清了障碍，期待可以推动业绩归因领域更加深入而且广泛地讨论。

5　分析师关注与上市公司不合理业绩归因

本书旨在从分析师角度研究上市公司不合理业绩归因的外部治理机制。按照归因理论，一方面管理层通过不合理业绩归因，加强（或减弱）投资者向上预期（或向下预期）公司未来业绩的动机强烈，另一方面管理层也不能为所欲为，一旦外部信息使用者发现上市公司存在业绩归因信息操纵行为，则会给予非常负面的评价。也就是说，不合理业绩归因存在收益和成本。而分析师作为资本市场重要的信息中介，不是仅仅被动地接收上市公司信息，而且可以影响上市公司行为。有效监督假说下，分析师关注可以提高管理层对不合理业绩归因的预期成本，反之市场压力假说下，分析师关注可以提高管理层对不合理业绩归因的预期收益。基于这两个对立假说，本章探讨分析师关注对上市公司不合理业绩归因的作用效果。

5.1　引言

当分析师进行盈余预测和股票估值时，业绩归因是重要的参考信息

（Rogers and Grant，1998；Clarkson et al.，1999）。由投资管理与研究协会（Association of Investment Management and Research，AIMR）2000年进行的一项调查结果也支持了这一观点。该调查发现，86%的受访分析师表示管理层对业绩的讨论是评估上市公司价值的重要因素。然而大量研究发现，上市公司业绩归因信息质量堪忧，存在加工甚或操纵行为，所谓不合理业绩归因。进行相关研究的有Baginski等（2000）、Aerts和Tarca（2010）、Aerts和Cheng（2011，2012）、Clatworthy和Jones（2006）、Tsang（2002）、孙蔓莉等（2012，2016）。

一般投资者没有条件对上市公司自利性业绩归因的客观性进行精准分析，这是因为：首先管理层不会做出易于反驳的归因（Snyder et al.，1976）；其次鉴于上市公司内部管理信息的不可观察性，即使一般投资者对归因信息的客观性有所怀疑也无法核实；最后即使可以取得部分外部环境信息，通常也无从验证这些环境归因和绩效之间因果关系的强弱（Kimbrough and Wang，2014）。

但是与一般投资者相比，分析师具有突出的信息优势和专业能力。分析师可以通过发布会或电话会议等途径与管理层互动，甚至可以采取现场调研的方式直接考察上市公司经营情况。加之分析师长期跟踪并且持续关注特定行业，熟悉上市公司内部与外部经营环境的变化，便于查知管理层是否存在不当行为（Jensen and Meckling，1976；Healy and Palepu，2001；Dyck et al.，2008）。另外，分析师研究报告是投资者评估上市公司盈余持续性的重要参考（Lys and Sohn，1990；Stickel，1990；Womack，1996；朱红军等，2007；Liu，2011；伊志宏等，2019），以至于上市公司财务信息披露以及经营决策等行为广泛受到分析师关注的影响。但是分析师既有可能发挥有效监督作用，减少管理层不当行为，所谓有效监督假说（Jensen and Meckling，1976；Healy and Palepu，2001；Dyck et al.，2008）；也有可能给管理层施加盈余压力，加剧机会主义行为，所谓市场压力假说（Degeorge et al.，1999；He and Tian，2013）。

目前来看分析师关注影响上市公司行为的研究，还未触及到业绩归因这一文本信息披露领域，本章研究则试图填补这个空白。根据归因理论，活动者（上市公司管理层）不仅存在强烈的动机进行不合理业绩归因，而且会权衡不合理业绩归因被观察者（外部信息使用者）否定的可能性（刘永芳，2010）。分析师作为资本市场重要的信息中介，可以放大上述不合理业绩归因的预期收益和预期成本。有效监督假说下其预期成本大于预期收益，可能会降低上市公司不合理业绩归因程度。反之在市场压力假说下其预期收益大于预期成本，反而可能会提高上市公司不合理业绩归因程度。

以2007年至2019年A股非金融上市公司为样本，作者实证检验了分析师关注对不合理业绩归因的作用效果。研究发现分析师关注有效抑制了管理层自利性业绩归因的不合理程度。变更样本选择、行业重分类、重新定义关键变量、采用公司固定效应模型以及变化模型等稳健性检验，未改变研究结论。以券商消失或者券商合并作为导致分析师关注发生变化的外生事件，进行双重差分分析的结果也仍然稳健。

本章研究贡献包括三个方面：

第一，从观察者视角，丰富了自利性业绩归因影响因素方面的研究。现有研究大多从活动者角度进行了分析，研究的重心在于上市公司管理层如何进行自利性业绩归因，自利性业绩归因如何影响外部信息使用者。比如绩优与绩差公司自利性业绩归因的差异（Aerts，2005）；不同国家上市公司自利性业绩归因的特点与差异（Aerts和Tarca，2010；孙蔓莉等，2012；Brochet等，2019）；招股说明书中的自利性业绩归因能否提高IPO定价，是否与首日抑价程度相关（Aerts和Cheng，2011）；业绩归因的合理性是否影响投资者对管理层的评价，以及对公司未来业绩的预期（孙蔓莉等，2016，2017；蒋艳辉和冯楚建，2014）等。与已有研究不同，作者基于观察者角度回溯了外部信息使用者对上市公司业绩归因行为的影响。研究结论揭示出，外部信息使用者并非局限于被动地接收上市公司业绩归因信息，其本身的调节力量亦能够对上市公司文本信息披露质量产生积极的影响。

第二，丰富了分析师外部治理机制方面的研究。截至目前，已有研究发现分析师关注影响上市公司财务信息披露以及经营决策等行为，包括盈余管理（Yu，2008；李春涛等，2014，2016）、证券发行（Chang et al.，2006）、投资行为（张纯和吕伟，2009）、高管薪酬（Chen et al.，

2015)、成本黏性(宋常等,2016)、内部交易(Frankel and Li,2004;李琳和张敦力,2017)、避税激进度(刘笑霞和李明辉,2018)等。尚无文献探讨分析师关注对上市公司文本信息披露行为的影响。本章研究基于业绩归因信息,弥补了现有研究的上述不足。

第三,通过大样本回归,加强了研究结论的可靠性。由于自利性业绩归因数据需要手工采集并且人工分析,以往相关研究样本量普遍偏小,而且这种人工判断可能导致结果难以复制(Lombard et al.,2002;Krippendorff,2004)。本章研究作者通过引入机器学习算法浅层网络取得自利性业绩归因数据进行大样本分析,弥补了上述现有研究的不足,提高了研究结论的可靠性。

5.2 理论分析与假设提出

分析师关注对上市公司行为的影响,现有研究存在两个对立的立场:有效监督假说和市场压力假说。

有效监督假说认为,分析师关注使上市公司暴露于公众的监督之下,通过增加未来声誉风险可以抑制管理层不当行为(Jensen and Meckling,1976;Healy and Palepu,2001;Dyck et al.,2008)。与此观点一致,已有研究发现分析师关注:①可以抑制公司应计盈余管理(Yu,2008;李春涛等,2014);②可以降低管理层掩藏负面消息的空间,从而提高股价的信息含量,降低股价暴跌风险(潘越等,2011);③可以降低公司业绩预告违规的概率(郑建明等,2015);④可以抑制公司过度投资(张纯和吕伟,2009);⑤可以减少内部交易(Frankel and Li,2004;李琳和张敦力,2017);⑥可以抑制管理层出于建造商业帝国的目的而耗费成本的机会主义行为(宋常等,2016);⑦可以抑制公司避税激进度(刘笑霞和李明辉,2018)等。

按照这一思路推导,分析师关注同样可以监督并抑制上市公司不合理业绩归因行为。1977年Wells的一项实验研究表明,当告知被试(活动者,上市公司管理层)随后会有人(观察者,外部信息使用者)和他们讨论其行为以及所做归因时,被试把成功结果归因于自身的自利性行为消失了（刘永芳，2010）。分析师普遍具有专业教育背景，并且长期关注特定行业，相比一般投资者对行业状况的把握更为精准，更加通晓上市公司外部经营环境，掌握对公司业绩影响显著的外部因素。同时，分析师又有条件通过调研等方式深入了解上市公司内部情况，能够对业绩的内部成因做出判断，从而易于发现公司不合理业绩归因行为。也就是说，分析师作为观察者可以起到威慑作用，使上市公司管理层有所顾忌。已有实验研究发现，如果分析师认定公司自利性业绩归因不合理，存在逃避责任的嫌疑，会给予公司非常消极的评价，其负面评价甚至超过未自利性业绩归因的情况（Barton and Mercer，2005）。另外，分析师关注可以提高上市公司信息透明度，因此投资者通过分析师研究报告等渠道，有机会取得更加充分的信息，从而提高自身对上市公司信息质量的判别能力。

相反，根据市场压力假说，强大的市场影响力下分析师可以放大上市公司盈余公告的投资者反应（Lys and Sohn，1990；Stickel，1990；Womack，1996；朱红军等，2007；Liu，2011；伊志宏等，2019）。同时，上市公司未达到分析师盈余预期甚至会引起强烈的负面市场反应。Knyazeva（2007）研究发现，当上市公司业绩不佳时，分析师关注会加剧投资者的消极预期，促使投资者抛售股票。面对这种压力，管理层转而可能采取机会主义行为企图满足或超过市场期望（Levitt，1998；Fuller and Jensen，2002）。Degeorge等（2013）指出，发展中国家分析师关注客观上鼓励了公司盈余信息操纵。与此观点一致，李春涛等（2016）分析发现，尽管分析师抑制公司进行应计盈余管理，但是转而促使真实盈余管理。翟胜宝等（2016）同样发现，上市公司分析师关注度越高，其购买审计意见的可能性越大。He和Tian（2013）研究发现，分析师关注促使管理者过分追求短期盈余，从而减少了上市公司对长期创新项目的投资。此外，分析师为了与管理层保持良好的关系，保证信息来源渠道通畅，可能对上市公司不良行为采取视而不见的策略，甚至存在合谋的现象（O'Brien et al.，2005；Gu and Xue，2008）。

按照市场压力假说，分析师关注反而可能加剧上市公司不合理业绩归因行为。一方面，分析师关注会加强管理层通过粉饰业绩归因信息，试图干预投资者对管理层评价以及公司未来业绩预期的动机。另一方面，业绩归因作为文本信息，与利润数据相比，受监管部门重视的程度相差甚远，也不在独立审计的范围之内，在监管方面几乎是空白（孙蔓莉，2004）。加之利润变化的影响因素众多，业绩变动的真正原因不了解内情的一般投资者很难辨析。因此分析师出于自身利益考量，对上市公司不合理业绩归因行为置之不理，甚至迎合管理层的说辞，也不容易引发大的风险。而一旦上市公司管理层觉察到分析师的纵容态度，就很可能在业绩归因信息操纵上变本加厉。

基于以上分析师关注影响上市公司业绩归因行为的两种可能性，作者提出以下竞争性假设。

H5-1A：有效监督假说下，分析师关注度越高，上市公司不合理业绩归因程度越低；

H5-1B：市场压力假说下，分析师关注度越高，上市公司不合理业绩归因程度越高。

5.3 研究设计

5.3.1 关键变量定义

（1）不合理业绩归因（Implausible attribution）

考虑到尚无文献直接度量不合理业绩归因，前面章节作者基于归因理论构建了上市公司不合理业绩归因的度量方法，并且通过机器学习算法取得的大样本，从经济后果角度检验了该度量方法的有效性。这里不再详细陈述，只做简单介绍。

归因理论认为，观察者（外部信息使用者）通过对比活动者（上市公司管理层）与其他个体（同行业其他上市公司）行为结果的一致性评估活动者的归因合理性。同一环境条件下结果越相似，表示环境因素对结果起的作用越大。与归因理论相一致，Kimbrough和Wang（2014）通过考察上市公司自利性业绩归因的投资者反应，发现投资者根据上市公司与同行业其他上市公司的盈余同步性来识别自利性业绩归因合理与否。

基于此，作者结合可操控应计利润和非效率投资的计算模型构建了不合理业绩归因的度量方法。具体而言，通过分行业和年度回归自利性业绩归因（Self-serving attribution）与业绩（ROA）以及业绩变化（Sales growth）（模型（5.1）），把残差（ε）即偏离行业年度正常水平的上市公司自利性业绩归因认定为不合理业绩归因（Implausible attribution）。

$$\text{Self-serving attribution}_{it} = \beta_0 + \beta_1 ROA_{it} + \beta_2 \text{Sales growth}_{it} + \varepsilon_{it} \tag{5.1}$$

其中，下标i表示上市公司，下标t表示年度。自利性业绩归因（Self-serving attribution）的计算过程具体如下：首先，根据作者总结的归因词汇表，从年报“管理层讨论与分析”中摘出业绩归因语句；其次，参照已有研究（Salancik and Meindl，1984；Aerts，2005；Keusch et al.，2012；Aerts and Cheng，2011；Kimbrough and Wang，2014），根据业绩变动的方向（上升或下降）和归因的部位（内部归因或外部归因），将业绩归因语句划分为4个类别（详见表5-1），并计算各类别对应字数（含标点符号）和语句数（以逗号切分）；最后，为了消除不同上市公司年报语言风格的影响，参考孙蔓莉（2012）的方法，采用相对值度量自利性业绩归因。Self-serving attribution=（PI+NE-PE-NI）/（PI+NE+PE+NI），IP是指把绩优归因于内部因素，EN是指把绩差归因于外部因素，EP是指把绩优归因于外部因素，IN是指把绩差归因于内部因素，该值越大表示上市公司自利性业绩归因倾向越大。

表5-1 **业绩归因参数定义**

		归因（Attribution）	
		内因（Internal）	外因（External）
业绩（Performance）	绩优（Positive）	PI：绩优归于内因（Positive，Internal）	PE：绩优归于外因（Positive，External）
	绩差（Negative）	NI：绩差归于内因（Negative，Internal）	NE：绩差归于外因（Negative，External）

自利性业绩归因：PI-PE+NE-NI

另外，为了克服以往自利性业绩归因相关研究样本量偏少的局限性，作者引入机器学习算法浅层网络（FastText）取得大样本进行了分析，从而增强研究结果的稳健性。首先，抽取2 000份上市公司年报，按照上述方法进行人工标注，每一项归因的判断和赋值分别由两人独立进行，而后对比结果。存在意见分歧时由第三人加入讨论后再行判断，以最大程度上避免衡量误差。其次，通过机器学习算法浅层网络对人工标注的训练集进行运算，得到最优文本分类模型。最后，使用该模型对样本期间所有上市公司年报“管理层讨论与分析”中的文本进行分类，得到每一份报告业绩归因不同参数（PI/PE/NI/NE）对应的字数和语句数。准确度检验结果显示，通过机器学习算法浅层网络提取业绩归因段落的准确度达到93.51%，判断归因类别的准确度达到87.36%。这说明通过机器学习算法浅层网络计算自利性业绩归因的结果可靠（Deng et al.，2018）。

业绩（ROA）采用总资产收益率度量，具体等于净利润与年末总资产的比率；业绩变化（Sales growth）以营业收入增长率度量，具体等于该年度与上年度营业收入的比率再减1。此外，行业作者采用了2012年中国证监会行业分类标准，并对制造业取了三位代码细分，同时剔除了行业和年度内上市公司少于10个的观测值。

（2）分析师关注（Analyst coverage）

借鉴已有研究，分析师关注以当年度跟踪分析上市公司的分析师数量加1的自然对数度量（Yu，2008；李春涛等，2014）。

5.3.2 模型设定

作者通过回归模型（5.2），检验分析师关注对上市公司不合理业绩归因的作用效果。

$$\begin{aligned}\text{Implausible attribution}_{it} = {} & \beta_0 + \beta_1 \text{Analyst coverage}_{it} + \beta_2 \text{Firm size}_{it} + \beta_3 \text{Leverage}_{it} + \\ & \beta_4 \text{Industry concentration}_{it} + \beta_5 \text{Book-to-market}_{it} + \\ & \beta_6 \text{Big 4}_{it} + \beta_7 \text{Abnormal accruals}_{it} + \beta_8 \text{Overconfidence}_{it} + \\ & \beta_9 \text{Compensation}_{it} + \beta_{10} \text{Top shareholder}_{it} + \\ & \beta_{11} \text{Institutional ownership}_{it} + \text{Industry fixed effects} + \\ & \text{Year fixed effects} + \varepsilon_{it} \qquad (5.2)\end{aligned}$$

其中，下标i表示上市公司，下标t表示年度。如果分析师关注（$Analyst\ coverage_{it}$）的估计系数（β_1）显著为负，表明分析师关注抑制了管理层不合理业绩归因，支持有效监督假说（H1A）。反之如果显著为正，表明分析师关注反而加剧了管理层不合理业绩归因，支持市场压力假说（H1B）。

借鉴已有文献，确定了以下控制变量：①Firm size，代表公司规模，以年末总资产的自然对数来度量。公司规模反映了公司经营和商业环境的诸多方面，包括公司信息环境（Li，2008；Lang and Lundholm，1993）。已有大量研究证实，公司规模与信息披露质量正相关（Cooke，1992；Wallace et al.，1994）。②Leverage，代表负债水平，以年末总负债与总资产的比率来度量。负债水平与公司信息披露相关（Ali et al.，2004；Singh and Zahn，2008）。财务风险很有可能加剧公司印象管理水平（Aerts and Zhang，2014）。③Industry concentration，代表行业集中度，以赫芬达尔-赫希曼指数（HHI）来度量，具体等于各上市公司营业收入除以所处行业所有上市公司营业收入的平方之和，该值越大表示行业集中程度越高，竞争程度越低。行业集中度是影响上市公司专有化成本的重要因素（Leuz，2004；Dedman and Lennox，2009；Verrecchia and Weber，2006；Boone et al.，2016）。业绩归因涉及战略和研发等关于公司核心竞争力的重要信息，面临可能的专有化成本，上市公司也许会减少业绩归因信息披露。④Book-to-market，代表账面市值比，以上市公司所有者权益的账面价值与市值的比率来度量。账面市值比与公司发展阶段以及信息透明度有关，影响投资者的信息需求（Bhagat and Bolton，2008）。⑤Big 4，代表审计机构是否是四大会计师事务所，如果审计机构是四大会计师事务所，包括普华永道（PwC）、德勤（DTT）、毕马威（KPMG）、安永（EY），该值取1，否则取0。由四大会计师事务所审计意味着上市公司对外报告的可信度更高（Khurana and Raman，2004）。⑥Abnormal accruals，代表异常应计利润，通过分行业和年度回归修正的Jones模型计算得出，其回归仅保留了同行业和年度内上市公司不少于10个的观测值。已有研究发现，盈余管理与自利性业绩归因之间存在同步性，公司操纵财务信息的同时，为了合理化和合法化盈余结果，可能编造理由来诠释当期利润的变动，表现出更强的自利性倾向（Aerts and Cheng，2011；Aerts and Zhang，2014；孙蔓莉等，2018）。⑦Overconfidence，代表管理层过度自信，以薪酬排名前三的高管平均薪酬与员工平均薪酬的比率来度量。管理层相对薪酬意味着管理层的地位和控制权，管理层相对薪酬越高，越有可能过度自信（Hayward et al.，1997；姜付秀等，2009；梁上坤，2015）。⑧Compensation，代表管理层薪酬，以薪酬排名前三的高管薪酬的自然对数来度量。Staw等（1983）认为，出于薪酬辩护的动机，管理者会加强自利性业绩归因。⑨Top shareholder，代表第一大股东持股比例，以第一大股东持股数量与总股数的比率来度量。代理型公司治理模式下，公司股权相对分散，股东直接进行监督的成本高，主要依赖管理层披露的公开信息进行监督和激励，因此管理层进行自利性业绩归因的动机和能力都非常强烈。反之剥夺型公司治理模式下，股权相对集中，大股东了解上市公司内部情况，对公开信息依赖程度相对而言小，管理者自利性业绩归因的空间和动机也会减弱（孙蔓莉等，2012）。⑩Institutional ownership，代表机构持股比例，以机构投资者持股数量与总股数的比率来度量。机构投资者可能提高上市公司信息质量（Boone and White，2015）。

最后，作者采用行业和年度固定效应模型控制了不合理业绩归因在行业和时间层面上的系统性差异，其中行业采用了2012年中国证监会行业分类标准，并对制造业取了三位代码细分。为了排除异常值的影响，作者对所有连续变量进行了上下1%的缩尾处理。具体变量定义如表5-2所示。

5.3.3 数据来源与样本选择

作者以2007年至2019年A股非金融上市公司作为初始研究样本，剔除变量缺失值后，最终剩余共16 973个公司年度观测值。上市公司年报“管理层讨论与分析”文本、高管以及员工薪酬数据来源于中国研究数据服务平台（CNRDS）。其他上市公司数据均来自国泰安金融经济研究数据库（CSMAR）。

表5-2 **变量定义**

变量名称	变量符号	变量说明
自利性业绩归因	Self-serving attribution_Word	i上市公司t年度年报“管理层讨论与分析”中，自利性业绩归因字数减去非自利性业绩归因字数，具体而言，等于（PI+NE-PE-NI）/（PI+NE+PE+NI），其中IP是指将绩优归因于内部因素，EN是指将绩差归因于外部因素，EP是指将绩优归因于外部因素，IN是指将绩差归因于内部因素
	Self-serving attribution_Sent	i上市公司t年度年报“管理层讨论与分析”中，自利性业绩归因语句数减去非自利性业绩归因语句数，具体而言，等于（PI+NE-PE-NI）/（PI+NE+PE+NI），其中IP是指将绩优归因于内部因素，EN是指将绩差归因于外部因素，EP是指将绩优归因于外部因素，IN是指将绩差归因于内部因素
总资产收益率	ROA	i上市公司t年度净利润与年末总资产的比率
营业收入增长率	Sales growth	i上市公司t年度与上年度营业收入的比率再减1
不合理业绩归因	Implausible attribution_Word	首先，分行业和年度回归以下模型估计各项系数，$\text{Self-serving attribution\_Word}_{it}=\beta_0+\beta_1 ROA_{it}+\beta_2 \text{Sales Growth}_{it}+\varepsilon_{it}$；其次，根据估计的各项系数计算上市公司合理业绩归因；最后，自利性业绩归因减去合理业绩归因，得到不合理业绩归因
	Implausible attribution_Sent	首先，分行业和年度回归以下模型估计各项系数，$\text{Self-serving attribution\_Sent}_{it}=\beta_0+\beta_1 ROA_{it}+\beta_2 \text{Sales Growth}_{it}+\varepsilon_{it}$；其次，根据估计的各项系数计算上市公司合理业绩归因；最后，自利性业绩归因减去合理业绩归因，得到不合理业绩归因

续表

变量名称	变量符号	变量说明
分析师关注	Analyst $coverage_{it}$	t年度跟踪i上市公司分析师数量加1的自然对数
公司规模	Firm $size_{it}$	i上市公司t年度年末总资产的自然对数
负债水平	$Leverage_{it}$	i上市公司t年度年末总负债与总资产的比率
行业集中度	Industry $concentration_{it}$	i上市公司所处行业t年度赫芬达尔-赫希曼指数（HHI），具体等于各上市公司营业收入除以所处行业所有上市公司营业收入的平方之和
账面市值比	Book-to-$market_{it}$	i上市公司t年度所有者权益的账面价值与市值的比率
四大会计师事务所	Big 4_{it}	如果i上市公司t年度由四大会计师事务所审计，包括普华永道（PwC）、德勤（DTT）、毕马威（KPMG）、安永（EY），则取1，否则取0
异常应计利润	Abnormal $accrual_{it}$	通过修正的Jones模型估计的i上市公司t年度异常应计利润
管理层过度自信	$Overconfidence_{it}$	i上市公司t年度薪酬排名前三的高管平均薪酬与员工平均薪酬的比率
管理者薪酬	$Compensation_{it}$	i上市公司t年度薪酬排名前三的高管薪酬的自然对数
第一大股东持股比例	Top $shareholder_{it}$	i上市公司t年度第一大股东持股数量与总股数的比率
机构持股比例	Institutional $ownership_{it}$	i上市公司t年度机构投资者持股数量与总股数的比率
行业	Industry	行业虚拟变量，行业分类标准采用2012年中国证监会行业分类标准，并对制造业取三位代码细分
年度	Year	年度虚拟变量

表5-3报告了样本行业分布结果。从行业分布来看，制造业（行业代码“C”）上市公司占大多数，比例达到66.05%，住宿与餐饮业（行业代码“H”）上市公司占比最低，为总样本的0.05%。这与整体上市公司行业分布情况一致。为了缓解样本在制造业的聚类现象，作者对制造业取了三位代码以进一步细分，从而更加精确地控制行业层面的系统性差异。

表5-3 样本行业分布

行业（行业代码）	观测值	比例
农、林、牧、渔业（A）	305	1.80%
采矿业（B）	482	2.84%
制造业（C）	11 211	66.05%
电力、热力、燃气及水生产和供应业（D）	722	4.25%
建筑业（E）	497	2.93%
批发和零售业（F）	1 130	6.66%
交通运输、仓储和邮政业（G）	613	3.61%
住宿与餐饮业（H）	8	0.05%
信息传输、软件和信息技术服务业（I）	549	3.23%
房地产业（K）	705	4.15%
租赁和商务服务业（L）	169	1.00%
科学研究和技术服务业（M）	42	0.25%
水利、环境和公共设施管理业（N）	124	0.73%
文化、体育和娱乐业（R）	118	0.69%
综合（S）	298	1.76%
Total	16 973	100%

表5-4报告了样本年度分布结果。从时间序列上来看，样本量呈现逐年增加的趋势，与我国资本市场不断发展壮大的实际情况相符。

表5-4 样本年度分布

年度	观测值	比例
2007	716	4.22%
2008	1 019	6.00%
2009	857	5.05%
2010	1 026	6.04%
2011	1 347	7.94%
2012	1 263	7.44%
2013	1 348	7.94%
2014	1 329	7.83%
2015	1 400	8.25%
2016	1 481	8.73%
2017	1 808	10.65%
2018	1 631	9.61%
2019	1 748	10.30%
Total	16 973	100%

5.4 实证结果与分析

5.4.1 描述性统计

表5-5报告了变量描述性统计结果。结果可见，Implausible attribution_$Word_{it}$的均值和标准差各为0.515和0.468，Implausible attribution_$Sent_{it}$的结果与此相近。这意味着，不同报告自利性业绩归因的合理性水平存在明显差异。分析师关注（Analyst $coverage_{it}$）的均值和标准差分别为1.397和1.156，这表明平均而言一家上市公司一年有6至7个分析师跟踪，同时不同上市公司分析师关注呈现出明显差异。

表5-5 **变量描述性统计**

变量	观测值	均值	标准差	中位数	最小值	最大值
Implausible attribution_Word$_{it}$	16 973	0.515	0.468	0.600	−0.951	1.572
Implausible attribution_Sent$_{it}$	16 973	0.519	0.456	0.593	−0.885	1.575
Analyst coverage$_{it}$	16 973	1.397	1.156	1.386	0.000	3.714
Firm size$_{it}$	16 973	22.147	1.268	22.016	19.481	25.931
Leverage$_{it}$	16 973	0.469	0.209	0.469	0.065	0.985
Industry concentration$_{it}$	16 973	0.091	0.081	0.065	0.015	0.386
Book-to-market$_{it}$	16 973	0.281	0.148	0.259	0.003	0.750
Big 4$_{it}$	16 973	0.052	0.222	0.000	0.000	1.000
Abnormal accrual$_{it}$	16 973	0.017	0.100	0.016	−0.340	0.360
Overconfidence$_{it}$	16 973	6.725	5.452	5.120	0.606	33.214
Compensation$_{it}$	16 973	14.173	0.754	14.187	12.210	16.098
Top shareholder$_{it}$	16 973	0.355	0.152	0.337	0.087	0.750
Institutional ownership$_{it}$	16 973	0.061	0.073	0.034	0.000	0.351

注：对所有连续变量进行了上下1百分位的缩尾处理；变量定义见表5-2。

控制变量方面：①公司规模（Firm size$_{it}$）的均值和标准差分别为22.147和1.268，这意味着平均而言上市公司总资产规模达到135亿元；②负债水平（Leverage$_{it}$）的均值和标准差分别为0.469和0.209，这表明平均而言上市公司资产中近半是负债；③行业集中度（Industry concentration$_{it}$）的均值和标准差分别为0.091和0.081；④账面市值比（Book-to-market$_{it}$）的均值和标准差分别为0.281和0.148，这意味着平均而言市值是所有者权益账面价值的3.5倍；⑤四大会计师事务所（Big 4$_{it}$）的均值为0.052，这意味着由四大会计师事务所审计的公司占比5.2%；⑥异常应计利润（Abnormal accrual$_{it}$）的均值和标准差分别为0.017和0.100，这表明普遍而言上市公司应计利润高于行业水平，而且不同公司盈余管理程度存在明显差异；⑦管理者过度自信（$Overconfidence_{it}$）的均值和标准差分别为6.725和5.452，这意味着平均而言上市公司前三名高管的平均薪酬是员工平均薪酬的6倍至7倍，并且不同公司管理者相对薪酬存在明显差异；⑧管理者薪酬（$Compensation_{it}$）的均值和标准差分别为14.173和0.754，这表明平均而言上市公司薪酬排名前三的高管人均年薪65万元；⑨第一大股东持股比例（Top $shareholder_{it}$）的均值和标准差分别为0.355和0.152，这意味着普遍而言上市公司股权相对集中，比例达到35.5%；⑩机构持股比例（Institutional $ownership_{it}$）的均值和标准差分别为0.061和0.073，这表明整体而言机构投资者持股相对少，比例才6.1%。总而言之，这些控制变量的描述性统计量与已有研究结果相近。

5.4.2 多元回归结果

表5-6报告了分析师关注与上市公司不合理业绩归因的回归结果。Panel A和Panel B的因变量分别是Implausible attribution_$Word_{it}$和Implausible attribution_$Sent_{it}$，两者结果相近，以下以Panel A为例进行分析。

表5-6 **分析师关注与上市公司不合理业绩归因**

变量	Panel A	Panel B
	Implausible attribution_$Word_{it}$	Implausible attribution_$Sent_{it}$
Analyst $coverage_{it}$	−0.073***	−0.074***
	(−15.763)	(−16.234)
Firm $size_{it}$	−0.004	−0.005
	(−0.640)	(−0.796)
$Leverage_{it}$	0.473***	0.476***
	(14.161)	(14.535)
Industry $concentration_{it}$	−0.166	−0.215*
	(−1.430)	(−1.913)

续表

变量	Panel A	Panel B
	Implausible attribution_Word$_{it}$	Implausible attribution_Sent$_{it}$
Book-to-market$_{it}$	0.384***	0.385***
	(9.372)	(9.743)
Big 4$_{it}$	-0.001	0.004
	(-0.042)	(0.203)
Abnormal accrual$_{it}$	-0.506***	-0.511***
	(-12.132)	(-12.516)
Overconfidence$_{it}$	-0.002**	-0.003**
	(-2.247)	(-2.464)
Compensation$_{it}$	-0.045***	-0.043***
	(-4.577)	(-4.521)
Top shareholder$_{it}$	-0.174***	-0.169***
	(-5.703)	(-5.681)
Institutional ownership$_{it}$	-0.193***	-0.181***
	(-2.946)	(-2.866)
Constant	1.074***	1.074***
	(7.253)	(7.484)
行业固定效应	Yes	Yes
年度固定效应	Yes	Yes
观测值	16 973	16 973
R^2	0.176	0.190

注：***、**、*分别表示在1%、5%、10%统计水平上显著；对所有连续变量进行了上下1百分位的缩尾处理；括号内为t值，标准误经过公司层面的聚类调整；变量定义见表5-2。

从结果来看，分析师关注（Analyst $coverage_{it}$）的估计系数显著为负（估计系数=-0.073，t=-15.763），支持有效监督假说（H1A）。这意味着作为观察者分析师可以起到威慑作用，迫使上市公司管理层降低自利性业绩归因的不合理程度。

再来看对上市公司不合理业绩归因有显著影响的控制变量的结果。①负债水平（$Leverage_{it}$）的系数显著为正（估计系数=0.473，t值=14.161），这意味着财务风险强化了不合理业绩归因倾向。②账面市值比（$Book\text{-}to\text{-}market_{it}$）的系数显著为正（估计系数=0.384，t值=9.372），这意味着公司内部与外部信息不对称下，投资者对信息质量的需求可以促使管理者提高业绩归因信息质量。③异常应计利润（Abnormal $accrual_{it}$）的系数显著为负（估计系数=-0.506，t值=-12.132），这意味着异常应计利润越高，上市公司不合理业绩归因程度越低，与已有研究结果不甚一致（Aerts and Cheng，2011；Aerts and Zhang，2014；孙蔓莉等，2018）。可能原因是尽管自利性业绩归因一定程度上可以代表不合理业绩归因程度，但是两者的相关关系系数为0.6左右，表明两者仍存在差异。也就是说，自利性业绩归因与盈余管理同步，并不代表不合理业绩归因与盈余管理也同步。④管理者过度自信（$Overconfidence_{it}$）的系数显著为负（估计系数=-0.002，t值=2.247），这意味着管理者过度自信降低了不合理业绩归因。可能原因是业绩与过度自信往往正相关，而公司业绩越好，投资者认为其自利性业绩归因不合理的可能性越低，因此尽管过度自信可能会加剧自利性业绩归因，但是与不合理业绩归因负相关。⑤管理层薪酬（$Compensation_{it}$）的系数显著为负（估计系数=-0.045，t值=-4.577），这意味着管理层薪酬降低了不合理业绩归因，可能原因是管理层与股东之间代理问题的下降有利于提高信息质量。⑥第一大股东持股比例（Top $shareholder_{it}$）的系数显著为负（估计系数=-0.174，t值=-5.703），这意味着第一大股东持股抑制了不合理业绩归因。正如孙蔓莉等（2012）所言股权相对集中的剥夺型公司治理模式下，大股东熟悉上市公司内部情况，对公开信息依赖程度小，因此管理者不合理业绩归因的动机也小。⑦机构投资者持股比例

（Institutional ownership$_{it}$）的系数显著为负（估计系数=-0.193，t值=-2.946），这意味着机构投资者持股降低了不合理业绩归因，提高了业绩归因信息质量。

5.5 稳健性检验

为了增强上述研究结论的稳健性，作者进行了如下稳健性检验：第一，基于券商合并或者券商关闭这一外生事件进行内生性问题检验；第二，采用公司固定效应模型剔除公司层面不可观测时不变因素对结果的干扰；第三，采用变化模型控制各个维度不可观测不随时间变化的因素对结果的影响；第四，替换分析师关注的衡量指标；第五，对制造业除外的其他行业也细分至三位代码重新回归；第六，变更样本选择，包括剔除不合理业绩归因为负的观测值，以及没有分析师关注的样本。下面逐一详细介绍。

5.5.1 基于外生事件的内生性检验

上述研究设计无法排除遗漏变量或者反向因果导致的内生性问题。为了缓解这一问题，作者参考已有研究（Chen et al.，2015；Kim et al.，2019；李春涛等，2016），利用券商合并或者券商关闭这一准自然实验，通过双重差分分析方法（Difference in Difference），检验分析师关注对上市公司不合理业绩归因的影响。券商关闭或者券商之间的合并决策取决于券商内部或者行业因素，无关其跟踪上市公司，可以视作是理想的外生事件（李春涛等，2016；Hong and Kacperczyk，2010；Hong，2017）。券商关闭降低原本分析师关注水平符合基本常识。另外已有研究发现，两家券商合并也常常促使解聘合并之前共同跟踪某上市公司的部分分析师，从而降低某上市公司原本的分析师关注水平（李春涛等，2016；Hong and Kacperczyk，2010；Hong，2017）。

为了识别券商关闭或者券商合并事件，作者通过对比样本期间不同年度发布盈利预测报告的券商名录，找到各年度从名录上消失的券商，将其视作关闭券商或者合并券商。而后，作者将券商关闭或者券商合并前一年度所属分析师跟踪上市公司作为处理组，同一年度与这些处理组上市公司处相同行业并且相同分析师关注水平的其他上市公司作为控制组。

作者通过模型（5.3），进行双重差分分析来对比受券商消失或者券商合并事件影响的上市公司与未受影响的上市公司前后不合理业绩归因的变化：

$$\begin{aligned}\triangle \text{Implausible attribution}_{it} = &\ \beta_0 + \beta_1 \text{Disappear or Merge}_{it} + \beta_2 \triangle \text{Firm size}_{it} + \\ &\ \beta_3 \triangle \text{Leverage}_{it} + \beta_4 \triangle \text{Industry concentration}_{it} + \\ &\ \beta_5 \triangle \text{Book-to-market}_{it} + \beta_6 \text{Big 4}_{it} + \\ &\ \beta_7 \triangle \text{Abnormal accruals}_{it} + \beta_8 \triangle \text{Overconfidence}_{it} + \\ &\ \beta_9 \triangle \text{Compensation}_{it} + \beta_{10} \triangle \text{Top shareholder}_{it} + \\ &\ \beta_{11} \triangle \text{Institutional ownership}_{it} + \text{Industry fixed effects} + \\ &\ \text{Year fixed effects} + \varepsilon_{it} \end{aligned} \tag{5.3}$$

其中，下标i表示上市公司，下标t表示年度。△表示当年度相比上年度的变化值，比如，△Implausible attribution 指当年度相比上年度不合理业绩归因的变化值。Disappear or Merge 为虚拟变量，处理组上市公司受券商消失或者券商合并事件当年值取1，否则取0。由于券商关闭或者券商合并导致分析师关注下降，即 Disappear or Merge 与 Analyst coverage 负相关，因此作者预期有效监督假说下，Disappear or Merge 的估计系数显著为正。也就是说，分析师关注下降会减弱威慑作用，从而增加管理层不合理业绩归因。其他变量定义同上文。

表 5-7 报告了这一部分结果。Panel A 和 Panel B 的因变量分别是 $\triangle$ Implausible attribution_Word$_{it}$ 和 $\triangle$ Implausible attribution_Sent$_{it}$。两者结果相近，以下以 Panel A 为例进行分析。从结果来看，外生变量（Disappear or Merge$_{it}$）的系数显著为正（估计系数=0.045，t 值=2.784），这说明券商消失或者券商合并加剧了上市公司不合理业绩归因行为。这与上文回归结果一致，符合分析师关注的有效监督假说（H1A）。意味着控制遗漏变量或者反向因果导致的潜在内生性问题之后，本章研究结论依然成立。

表5-7　　稳健性检验1：基于外生事件的双重差分分析

变量	Panel A Implausible attribution_Word$_{it}$	Panel B Implausible attribution_Sent$_{it}$
Disappear or Merge$_{it}$	0.045***	0.047***
	(2.784)	(3.055)
△Firm size$_{it}$	-0.252***	-0.254***
	(-8.117)	(-8.462)
△Leverage$_{it}$	0.572***	0.573***
	(5.981)	(6.182)
△Industry concentration$_{it}$	0.191	0.154
	(0.787)	(0.643)
△Book-to-market$_{it}$	0.299***	0.298***
	(3.453)	(3.554)
Big 4$_{it}$	0.014	0.012
	(0.840)	(0.783)
△Abnormal accrual$_{it}$	-0.372***	-0.371***
	(-6.754)	(-7.037)
△Overconfidence$_{it}$	0.004	0.004*
	(1.544)	(1.674)
△Compensation$_{it}$	-0.077***	-0.085***
	(-2.844)	(-3.304)
△Top shareholder$_{it}$	-0.467**	-0.500***
	(-2.518)	(-2.800)
△Institutional ownership$_{it}$	-0.240**	-0.165
	(-2.171)	(-1.569)
Constant	0.175***	0.172***
	(4.690)	(4.774)

续表

变量	Panel A	Panel B
	Implausible attribution_Word$_{it}$	Implausible attribution_Sent$_{it}$
行业固定效应	Yes	Yes
年度固定效应	Yes	Yes
观测值	10 009	10 009
R^2	0.082	0.089

注：***、**、*分别表示在1%、5%、10%统计水平上显著；对所有连续变量进行了上下1百分位的缩尾处理；括号内为t值，标准误经过公司层面的聚类调整；变量定义见表5-2。

5.5.2 公司固定效应模型

接下来通过公司固定效应模型排除不可观测的不随时间变化的公司层面因素对上述结论的影响，尽管公司层面的因变量或自变量时间序列变化相对小可能大大降低公司固定效应模型的检验效率（Zhou，2001）。

表5-8报告了公司固定效应模型的回归结果。Panel A和Panel B的因变量分别是Implausible attribution_Word$_{it}$和Implausible attribution_Sent$_{it}$。从结果来看，分析师关注（Analyst coverage$_{it}$）的估计系数都显著为负，与上文回归结果一致。这意味着上文结果并非不可观测的不随时间变化的公司层面因素所导致，结论稳健。

表5-8 **稳健性检验2：采用公司固定效应模型**

变量	Panel A	Panel B
	Implausible attribution_Word$_{it}$	Implausible attribution_Sent$_{it}$
Analyst coverage$_{it}$	-0.046***	-0.046***
	(-7.824)	(-8.052)
Firm size$_{it}$	-0.031***	-0.033***
	(-2.724)	(-2.965)
Leverage$_{it}$	0.523***	0.521***
	(10.162)	(10.349)

续表

变量	Panel A	Panel B
	Implausible attribution_Word$_{it}$	Implausible attribution_Sent$_{it}$
Industry concentration$_{it}$	-0.048	-0.078
	(-0.526)	(-0.883)
Book-to-market$_{it}$	0.451***	0.437***
	(7.740)	(7.756)
Big 4$_{it}$	0.077**	0.069**
	(2.080)	(1.978)
Abnormal accrual$_{it}$	-0.488***	-0.490***
	(-10.886)	(-11.283)
Overconfidence$_{it}$	-0.001	-0.002
	(-0.826)	(-1.252)
Compensation$_{it}$	-0.069***	-0.067***
	(-4.521)	(-4.601)
Top shareholder$_{it}$	-0.397***	-0.394***
	(-6.038)	(6.092)
Institutional ownership$_{it}$	-0.232***	-0.212***
	(-3.068)	(-2.920)
Constant	1.864***	1.895***
	(6.772)	(7.193)
公司固定效应	Yes	Yes
年度固定效应	Yes	Yes
观测值	16 973	16 973
R^2	0.117	0.128

注：***、**、*分别表示在1%、5%、10%统计水平上显著；对所有连续变量进行了上下1百分位的缩尾处理；括号内为t值，标准误经过公司层面的聚类调整；变量定义见表5-2。

5.5.3 变化模型

除了公司固定效应模型，作者还采用变化模型来控制不同层面时不变因素对结果的影响。变化模型即对模型（5.2）中所有连续变量都取当年度相比上年度的变化值。

表5-9报告了变化模型的回归结果。Panel A和Panel B的因变量分别是△Implausible attribution_Word$_{it}$和△Implausible attribution_Sent$_{it}$。从结果来看，分析师关注的变化值（△Analyst coverage$_{it}$）的系数都显著为负，意味着分析师关注增加导致上市公司不合理业绩归因减少。上述结论仍然稳健。

表5-9 **稳健性检验3：采用变化模型**

变量	Panel A	Panel B
	△Implausible attribution_Word$_{it}$	△Implausible attribution_Sent$_{it}$
△Analyst coverage$_{it}$	−0.038***	−0.039***
	(−4.670)	(−5.015)
△Firm size$_{it}$	−0.225***	−0.225***
	(−7.146)	(−7.398)
△Leverage$_{it}$	0.581***	0.574***
	(6.228)	(6.343)
△Industry concentration$_{it}$	0.318	0.256
	(1.353)	(1.119)
△Book-to-market$_{it}$	0.201**	0.187**
	(2.429)	(2.347)
Big 4$_{it}$	0.018	0.016
	(1.134)	(1.048)
△Abnormal accrual$_{it}$	−0.383***	−0.394***
	(−7.521)	(−7.965)
△Overconfidence$_{it}$	0.004*	0.004*
	(1.702)	(1.748)

续表

变量	Panel A	Panel B
	△Implausible attribution_Word$_{it}$	△Implausible attribution_Sent$_{it}$
△Compensation$_{it}$	-0.087***	-0.094***
	(-3.413)	(-3.823)
△Top shareholder$_{it}$	-0.559***	-0.541***
	(-3.271)	(-3.296)
△Institutional ownership$_{it}$	-0.223**	-0.152
	(-2.091)	(-1.486)
Constant	0.193***	0.194***
	(5.543)	(5.806)
行业固定效应	Yes	Yes
年度固定效应	Yes	Yes
观测值	11 545	11 545
R^2	0.079	0.086

注：***、**、*分别表示在1%、5%、10%统计水平上显著；对所有连续变量进行了上下1百分位的缩尾处理；括号内为t值，标准误经过公司层面的聚类调整；变量定义见表5-2。

5.5.4 替换分析师关注衡量指标

上文作者以当年度跟踪分析上市公司的分析师数量加1的自然对数度量了分析师关注。这里作者以当年度关于上市公司的分析师研究报告数量加1的自然对数（Report）度量分析师关注。

表5-10报告了替换分析师关注衡量指标后的回归结果。Panel A和Panel B的因变量分别是Implausible attribution_Word$_{it}$和Implausible attribution_Sent$_{it}$。从结果来看，分析师关注（Report$_{it}$）的系数都显著为负，这意味着本章研究结论稳健。

表5-10　　稳健性检验4：替换分析师关注衡量指标

变量	Panel A	Panel B
	$Implausible\ attribution\_Word_{it}$	$Implausible\ attribution\_Sent_{it}$
$Report_{it}$	-0.062***	-0.062***
	(-16.385)	(-16.867)
$Firm\ size_{it}$	-0.003	-0.003
	(-0.414)	(-0.573)
$Leverage_{it}$	0.468***	0.473***
	(14.067)	(14.438)
$Industry\ concentration_{it}$	-0.159	-0.208*
	(-1.375)	(-1.855)
$Book\text{-}to\text{-}market_{it}$	0.377***	0.378***
	(9.210)	(9.576)
$Big\ 4_{it}$	-0.001	0.004
	(-0.026)	(0.218)
$Abnormal\ accrual_{it}$	-0.504***	-0.509***
	(-12.094)	(-12.477)
$Overconfidence_{it}$	-0.002**	-0.003**
	(-2.174)	(-2.390)
$Compensation_{it}$	-0.045***	-0.043***
	(-4.577)	(-4.524)
$Top\ shareholder_{it}$	-0.174***	-0.170***
	(-5.713)	(-5.693)
$Institutional\ ownership_{it}$	-0.177***	-0.166***
	(-2.721)	(-2.642)
Constant	1.042***	1.044***
	(7.059)	(7.291)
行业固定效应	Yes	Yes

续表

变量	Panel A	Panel B
	Implausible attribution_Word$_{it}$	Implausible attribution_Sent$_{it}$
年度固定效应	Yes	Yes
观测值	16 973	16 973
R^2	0.177	0.191

注：***、**、*分别表示在1%、5%、10%统计水平上显著；对所有连续变量进行了上下1百分位的缩尾处理；括号内为t值，标准误经过公司层面的聚类调整；变量定义见表5-2。

5.5.5 变更行业分类方法

上文包括计算不合理业绩归因的回归模型，以及分析师关注与上市公司不合理业绩归因的回归模型中，作者对制造业细分至三位代码（如C13等），而对其他行业控制至一位代码（如A等）。这一部分，作者对制造业除外的其他行业也细分至三位代码，以更加严格地控制行业层面的系统性差异。

表5-11报告了变更行业分类方法后的回归结果。Panel A和Panel B的因变量分别是Implausible attribution_Word$_{it}$和Implausible attribution_Sent$_{it}$。从结果来看，分析师关注（Analyst coverage$_{it}$）的系数都显著为负，这意味着更加严格地控制行业层面的系统性差异，并未改变本章研究结论。

表5-11　　　　稳健性检验5：变更行业分类方法

变量	Panel A	Panel B
	Implausible attribution_Word$_{it}$	Implausible attribution_Sent$_{it}$
Analyst coverage$_{it}$	-0.075***	-0.075***
	(-15.430)	(-15.937)
Firm size$_{it}$	-0.003	-0.004
	(-0.540)	(-0.637)
Leverage$_{it}$	0.474***	0.478***
	(13.798)	(14.114)

续表

变量	Panel A	Panel B
	$Implausible\ attribution\_Word_{it}$	$Implausible\ attribution\_Sent_{it}$
$Industry\ concentration_{it}$	−0.096	−0.138
	(−0.758)	(−1.122)
$Book\text{-}to\text{-}market_{it}$	0.351***	0.354***
	(8.258)	(8.617)
$Big\ 4_{it}$	−0.005	0.000
	(−0.209)	(0.022)
$Abnormal\ accrual_{it}$	−0.522***	−0.527***
	(−12.075)	(−12.449)
$Overconfidence_{it}$	−0.002*	−0.002*
	(−1.701)	(−1.906)
$Compensation_{it}$	−0.048***	−0.046***
	(−4.596)	(−4.513)
$Top\ shareholder_{it}$	−0.187***	−0.180***
	(−5.908)	(−5.797)
$Institutional\ ownership_{it}$	−0.172**	−0.163**
	(−2.516)	(−2.470)
Constant	1.059***	1.042***
	(6.476)	(6.535)
行业固定效应	Yes	Yes
年度固定效应	Yes	Yes
观测值	16 032	16 032
R^2	0.181	0.195

注：***、**、*分别表示在1%、5%、10%统计水平上显著；对所有连续变量进行了上下1百分位的缩尾处理；括号内为t值，标准误经过公司层面的聚类调整；变量定义见表5-2。

5.5.6 变更样本选择

本章研究样本中不合理业绩归因为负的观测值共2 342个，占总样本的13.80%（2 342/16 973）。上市公司普遍存在自利性业绩归因的倾向并且倾向强烈，因此多少存在不合理业绩归因的情况可能更加符合常理。尽管存在绩优公司如实归因于有利的外部环境，而不过多提及管理者自身决策得当，亦或存在反思和总结管理过失的绩差公司，但是这类上市公司十分罕见。为了排除这类异常样本对结论的可能影响，这一部分作者剔除不合理业绩归因为负的样本重新进行回归。另外，作者还剔除没有分析师关注的公司年度观测值后重新进行了回归。

表5-12中Panel A和Panel B报告了剔除不合理业绩归因为负的样本后回归的结果，因变量分别是Implausible $attribution_Word_{it}$和Implausible $attribution\_Sent_{it}$。从结果来看，分析师关注（Analyst $coverage_{it}$）的系数都显著为负。表5-13中Panel C和Panel D报告了剔除没有分析师关注的样本后回归的结果，因变量分别是Implausible $attribution_Word_{it}$和Implausible $attribution\_Sent_{it}$。结果显示，分析师关注（Analyst $coverage_{it}$）的估计系数都显著为负。以上结果意味着，本章结论并非特定样本导致的结果。

表5-12　　　　**稳健性检验6：变更样本选择**

变量	剔除不合理业绩归因为负的样本		剔除没有分析师关注的样本	
	Panel A	Panel B	Panel C	Panel D
	Implausible $attribution\_Word_{it}$	Implausible $attribution\_Sent_{it}$	Implausible $attribution\_Word_{it}$	Implausible $attribution\_Sent_{it}$
Analyst $coverage_{it}$	-0.050^{***}	-0.051^{***}	-0.086^{***}	-0.085^{***}
	(−15.388)	(−15.389)	(−13.761)	(−13.988)
Firm $size_{it}$	−0.005	−0.006	−0.009	−0.010
	(−1.130)	(−1.320)	(−1.293)	(−1.528)
$Leverage_{it}$	0.317^{***}	0.328^{***}	0.580^{***}	0.583^{***}
	(13.033)	(13.434)	(14.800)	(15.272)

续表

变量	剔除不合理业绩归因为负的样本		剔除没有分析师关注的样本	
	Panel A	Panel B	Panel C	Panel D
	Implausible attribution_Word$_{it}$	Implausible attribution_Sent$_{it}$	Implausible attribution_Word$_{it}$	Implausible attribution_Sent$_{it}$
Industry concentration$_{it}$	-0.146*	-0.185**	-0.228	-0.285**
	(-1.797)	(-2.253)	(-1.633)	(-2.071)
Book-to-market$_{it}$	0.103***	0.110***	0.469***	0.472***
	(3.454)	(3.711)	(9.491)	(9.938)
Big 10$_{it}$	0.011	0.014	0.004	0.009
	(0.866)	(1.084)	(0.178)	(0.427)
Abnormal accrual$_{it}$	-0.448***	-0.456***	-0.402***	-0.401***
	(-14.350)	(-14.462)	(-7.904)	(-8.131)
Overconfidence$_{it}$	-0.001	-0.001	-0.002*	-0.002*
	(-0.935)	(-1.170)	(-1.790)	(-1.943)
Compensation$_{it}$	-0.039***	-0.040***	-0.048***	-0.046***
	(-5.609)	(-5.689)	(-4.205)	(-4.161)
Top shareholder$_{it}$	-0.120***	-0.118***	-0.179***	-0.174***
	(-5.623)	(-5.510)	(-5.113)	(-5.097)
Institutional ownership$_{it}$	-0.141***	-0.151***	-0.203***	-0.185***
	(-3.031)	(-3.226)	(-3.019)	(-2.876)
Constant	1.257***	1.277***	1.253***	1.250***
	(11.820)	(12.107)	(7.179)	(7.382)
行业固定效应	Yes	Yes	Yes	Yes
年度固定效应	Yes	Yes	Yes	Yes
观测值	14 631	14 631	12 169	12 169
R^2	0.177	0.190	0.181	0.193

注：***、**、*分别表示在1%、5%、10%统计水平上显著；对所有连续变量进行了上下1百分位的缩尾处理；括号内为t值，标准误经过公司层面的聚类调整；变量定义见表5-2。

5.6 本章小结

上市公司年报中业绩归因的可靠性一直引人诟病。大量研究成果揭示：上市公司业绩信息均不同程度地存在自利性操纵现象。这种发现引发了对不合理业绩归因不良经济后果的担忧。一方面，不合理业绩归因可能误导投资者对管理层的评价以及对公司未来业绩的预期，进而增加代理成本以致资源错配。另一方面，一般投资者处于信息弱势地位，又缺乏分析判断能力，容易受到公司管理层机会主义行为的影响。

但是分析师作为资本市场重要的信息中介，可以通过多种信息渠道了解公司外部环境与内部经营情况，加之专业的分析能力和丰富的行业经验，有条件帮助一般投资者解读公司业绩归因信息，发现操纵归因信息的不良行为，起到良好的监督作用。另外，根据市场压力假说，分析师关注有可能加剧上市公司不合理业绩归因。

本书以2007年至2019年A股非金融上市公司为样本，实证检验了分析师关注对上市公司不合理业绩归因行为的作用效果。研究发现，分析师关注与上市公司不合理业绩归因负相关，表明分析师关注抑制了上市公司业绩归因信息操纵行为，支持有效监督假说。这意味着，上市公司顾及不合理业绩归因可能会被分析师发现并且产生负面评价，因而在操纵业绩归因信息方面有所收敛。

本章研究从分析师视角，回溯了外部信息使用者对上市公司业绩归因行为的影响。研究结论揭示出，资本市场并不局限于被动地接收上市公司信息，市场力量亦能够积极影响上市公司文本信息质量，这不仅有利于深化理解上市公司业绩归因行为，而且有助于全面评价分析师的外部治理角色。

6 公司业绩、分析师关注与上市公司不合理业绩归因

为了便于分析，前面章节研究分析师关注对上市公司不合理业绩归因的作用效果时，作者隐含性地假定了：第一，不同上市公司对不合理业绩归因收益和成本的估计相同；第二，不同分析师对上市公司行为的影响相同；第三，分析师除外其他上市公司外部治理环境相同。本章作者放宽第一个假定，实证检验分析师关注对绩优和绩差公司不合理业绩归因的影响差异，从而丰富和加强本书研究结论。

6.1 引言

管理层进行不合理业绩归因时必然权衡收益与成本。不合理业绩归因的目的在于通过不合理业绩归因加强外部信息使用者对管理层的评价或者对公司未来业绩的预期。由于分析师可以引导投资者预期，因此分析师关注可以增加上市公司对不合理业绩归因的预期收益。但是分析师一旦识破上市公司不合理业绩归因，出具管理层不诚信的评价，由此造

成的声誉损失即为不合理业绩归因的成本（Heider，1958；Barton and Mercer，2005；孙蔓莉，2004，2017）。

绩优公司与绩差公司对不合理业绩归因收益和成本的估计有所不同。按照归因理论，分析师作为观察者倾向于把业绩归因于公司内部因素。因此分析师对绩差公司不合理业绩归因更有可能出具不诚信的评价。以2007年至2019年A股非金融上市公司为样本，作者检验了分析师关注对绩优和绩差公司不合理业绩归因的影响差异。研究结果表明，与绩优公司相比，分析师关注对绩差公司不合理业绩归因的抑制作用更强。

本章研究结论加深了对声誉机制作用条件的理解。声誉机制可以约束管理者机会主义行为，缓解代理问题（Johnson et al.，1993；Milbourn，2003）。然而已有研究发现，声誉机制作用的发挥受限于公司财务状况（田高良等，2016）。Friedman等（1999）以亚洲金融危机为研究背景，分析发现绩差公司不甚在乎声誉风险，加剧盘剥中小投资者的利益。李春涛等（2014）研究发现，分析师关注降低了知名上市公司盈余管理和报告微利的可能性，但是对普通上市公司则没有明显影响。但是本章研究结论与上述两篇文献相反，表明分析师关注对绩差公司不合理业绩归因的约束作用更强。这一研究结论打破了声誉机制作用发挥受限于公司财务状况的固有观点，提供了新的证据。

6.2 理论分析与假设提出

绩优公司与绩差公司管理层对不合理业绩归因收益和成本的估计可能有所不同。具体而言，根据归因理论中活动者与观察者归因差异的相关知识，面对同一事件结果，活动者倾向于把自身行为归因于环境，观察者则倾向归因于稳定的个人特质（Jones and Nisbett，1972；Watson，1982）。这一理论置于上市公司业绩归因领域，则可以推测：当管理层作为活动者倾向于把绩差归因于外部环境时，分析师作为观察者却更有可能指责管理层。也就是说，绩差公司管理层夸大不利外部环境的归因行为与分析师视角的业绩归因相互矛盾。因此绩差公司管理层不合理业绩归因容易招致分析师的负面评价。而绩优公司管理层把绩优归因于内部因素与分析师的归因偏向一致。因此，相对而言分析师更加容易接受绩优公司管理层的不合理业绩归因。按照这一可能性，相比绩优公司，分析师关注对绩差公司不合理业绩归因的抑制作用更强。

基于以上分析，作者提出以下假设。

H6-1：分析师关注对绩差公司不合理业绩归因的抑制作用更强。

6.3 研究设计

6.3.1 关键变量定义

（1）不合理业绩归因（Implausible attribution）

考虑到尚无文献直接度量不合理业绩归因，前面章节作者基于归因理论构建了上市公司不合理业绩归因的度量方法，并且通过机器学习算法取得的大样本，从经济后果角度检验了该度量方法的有效性。这里不再详细陈述，只做简单介绍。

归因理论认为，观察者（外部信息使用者）通过对比活动者（上市公司管理层）与其他个体（同行业其他上市公司）行为结果的一致性评估活动者的归因合理性。同一环境条件下结果越相似，表示环境因素对结果起的作用越大。与归因理论相一致，Kimbrough和Wang（2014）通过考察上市公司自利性业绩归因的投资者反应，发现投资者根据上市公司与同行业其他上市公司的盈余同步性来识别自利性业绩归因合理与否。

基于此，作者结合可操控应计利润和非效率投资的计算模型构建了不合理业绩归因的度量方法。具体而言，通过分行业和年度回归自利性业绩归因（Self-serving attribution）与业绩（ROA）以及业绩变化（Sales growth）（模型（6.1）），把残差（ε）即偏离行业年度正常水平的上市公司自利性业绩归因认定为不合理业绩归因（Implausible attribution）。

$$\text{Self-serving attribution}_{it} = \beta_0 + \beta_1 \text{ROA}_{it} + \beta_2 \text{Sales growth}_{it} + \varepsilon_{it} \tag{6.1}$$

其中，下标i表示上市公司，下标t表示年度。自利性业绩归因（Self-serving attribution）的计算过程具体如下：首先，根据作者总结的归因词汇表，从年报“管理层讨论与分析”中摘出业绩归因语句；其次，参照已有研究（Salancik and Meindl，1984；Aerts，2005；Keusch et al.，2012；Aerts and Cheng，2011；Kimbrough and Wang，2014），根据业绩变动的方向（上升或下降）和归因的部位（内部归因或外部归因），将业绩归因语句划分为4个类别（详见表6-1），并计算各类别对应字数（含标点符号）和语句数（以逗号切分）；最后，为了消除不同上市公司年报语言风格的影响，参考孙蔓莉（2012）的方法，采用相对值度量自利性业绩归因。Self-serving attribution=（PI+NE-PE-NI）/（PI+NE+PE+NI），IP是指把绩优归因于内部因素，EN是指把绩差归因于外部因素，EP是指把绩优归因于外部因素，IN是指把绩差归因于内部因素，该值越大表示上市公司自利性业绩归因倾向越强。

表6-1 **业绩归因参数定义**

		归因（Attribution）	
		内因（Internal）	外因（External）
业绩（Performance）	绩优（Positive）	PI：绩优归于内因（Positive，Internal）	PE：绩优归于外因（Positive，External）
	绩差（Negative）	NI：绩差归于内因（Negative，Internal）	NE：绩差归于外因（Negative，External）
自利性业绩归因：PI-PE+NE-NI			

另外，为了克服以往自利性业绩归因相关研究样本量偏少的局限性，作者引入机器学习算法浅层网络（FastText）取得大样本进行分析，从而增强研究结果的稳健性。首先，抽取2 000份上市公司年报，按照上述方法进行了人工标注，每一项归因的判断和赋值分别由两人独立进行，而后对比结果。存在意见分歧时由第三人加入讨论后再行判断，以最大程度上避免衡量误差。其次，通过机器学习算法浅层网络对人工标注的训练集进行运算，得到最优文本分类模型。最后，使用该模型对样本期间所有上市公司年报“管理层讨论与分析”中的文本进行分类，得到每一份报告业绩归因不同参数（PI/PE/NI/NE）对应的字数和语句数。准确度

检验结果显示，通过机器学习算法浅层网络提取业绩归因段落的准确度达到93.51%，判断归因类别的准确度达到87.36%。这说明通过机器学习算法浅层网络计算自利性业绩归因的结果可靠（Deng et al.，2018）。

业绩（ROA）采用总资产收益率度量，具体等于净利润与年末总资产的比率；业绩变化（Sales growth）以营业收入增长率度量，具体等于该年度与上年度营业收入的比率再减1。此外，行业作者采用了2012年中国证监会行业分类标准，并对制造业取了三位代码细分，同时剔除了行业和年度内上市公司少于10个的观测值。

（2）分析师关注（Analyst coverage）

借鉴已有研究，分析师关注以当年度跟踪分析上市公司的分析师数量加1的自然对数度量（Yu，2008；李春涛等，2014）。

（3）公司业绩（Performance）

作者基于总资产收益率（ROA）和营业收入增长率（Sales growth）区分绩优公司和绩差公司。如果上市公司总资产收益率（ROA）和营业收入增长率（Sales growth）都大于或者等于行业年度中位数，则视作绩优公司，Performance取值为1。反之，如果上市公司总资产收益率（ROA）或营业收入增长率（Sales growth）小于行业年度中位数，则视作绩差公司，Performance取值为0。

6.3.2 模型设定

以下回归模型（6.2）用于检验本章研究假设。

$$
\begin{aligned}
\text{Implausible attribution}_{it} = {} & \beta_0 + \beta_1 \text{Analyst coverage}_{it} + \beta_2 \text{Performance}_{it} + \\
& \beta_3 \text{Analyst coverage}_{it} * \text{Performance}_{it} + \beta_4 \text{Firm size}_{it} + \\
& \beta_5 \text{Leverage}_{it} + \beta_6 \text{Industry concentration}_{it} + \\
& \beta_7 \text{Book -to -market}_{it} + \beta_8 \text{Big 4}_{it} + \beta_9 \text{Abnormal accruals}_{it} + \\
& \beta_{10} \text{Overconfidence}_{it} + \beta_{11} \text{Compensation}_{it} + \\
& \beta_{12} \text{Top shareholder}_{it} + \beta_{13} \text{Institutional ownership}_{it} + \\
& \text{Industry fixed effects} + \text{Year fixed effects} + \varepsilon_{it} \qquad (6.2)
\end{aligned}
$$

其中，下标i表示上市公司，下标t表示年度。如果分析师关注与公司业绩的交互项（Analyst coverageit*Performance_{it}）系数（β_3）显著为正，表明分析师关注对绩差公司不合理业绩归因的抑制作用更强，支持假设。

同前面章节，作者包括了如下控制变量。①Firm size，代表公司规模，以年末总资产的自然对数来度量。②Leverage，代表负债水平，以年末总负债与总资产的比率来度量。③Industry concentration，代表行业集中度，以赫芬达尔-赫希曼指数（HHI）来度量，具体等于各上市公司营业收入除以所处S行业所有上市公司营业收入的平方之和，该值越大表示行业集中程度越高，竞争程度越低。④Book-to-market，代表账面市值比，以上市公司所有者权益的账面价值与市值的比率来度量。⑤Big 4，代表审计机构是否是四大会计师事务所，如果审计机构是四大会计师事务所，包括普华永道（PwC）、德勤（DTT）、毕马威（KPMG）、安永（EY），该值取1，否则取0。⑥Abnormal accruals，代表异常应计利润，通过分行业和年度回归修正的Jones模型计算得出，其回归过程仅保留了同行业和年度内上市公司不少于10个的观测值。⑦Overconfidence，代表管理层过度自信，以薪酬排名前三的高管平均薪酬与员工平均薪酬的比率来度量。⑧Compensation，代表管理层薪酬，以薪酬排名前三的高管薪酬的自然对数来度量。⑨Top shareholder，代表第一大股东持股比例，以第一大股东持股数量与总股数的比率来度量。⑩Institutional ownership，代表机构持股比例，以机构投资者持股数量与总股数的比率来度量。

最后，作者采用行业和年度固定效应模型控制了上市公司不合理业绩归因在行业和时间层面上的系统性差异，其中行业采用了2012年中国证监会行业分类标准，并对制造业取了三位代码细分。为了排除异常值的影响，作者对所有连续变量进行了上下1%的缩尾处理。具体变量定义如表6-2所示。

6.3.3 数据来源与样本选择

本书以2007年至2019年A股非金融上市公司作为初始研究样本，剔除变量缺失值后，最终剩余共16 973个公司年度观测值。上市公司年报“管理层讨论与分析”文本、高管以及员工薪酬数据来源于中国研究数据服务平台（CNRDS）。其他上市公司数据均来自国泰安经济金融数据库（CSMAR）。

表6-2 **变量定义**

变量名称	变量符号	变量说明
自利性业绩归因	Self-serving attribution_Word	i上市公司t年度年报“管理层讨论与分析”中，自利性业绩归因字数减去非自利性业绩归因字数，具体而言，等于（PI+NE-PE-NI）/（PI+NE+PE+NI），其中IP是指将绩优归因于内部因素，EN是指将绩差归因于外部因素，EP是指将绩优归因于外部因素，IN是指将绩差归因于内部因素
	Self-serving attribution_Sent	i上市公司t年度年报“管理层讨论与分析”中，自利性业绩归因语句数减去非自利性业绩归因语句数，具体而言，等于（PI+NE-PE-NI）/（PI+NE+PE+NI），其中IP是指将绩优归因于内部因素，EN是指将绩差归因于外部因素，EP是指将绩优归因于外部因素，IN是指将绩差归因于内部因素
总资产收益率	ROA	i上市公司t年度净利润与年末总资产的比率
营业收入增长率	Sales growth	i上市公司t年度与上年度营业收入的比率再减1
不合理业绩归因	Implausible attribution_Word	首先，分行业和年度回归以下模型估计各项系数，$Self\text{-}serving\ attribution\_Word_{it}=\beta_0+\beta_1 ROA_{it}+\beta_2 Sales\ Growth_{it}+\varepsilon_{it}$；其次，根据估计的各项系数计算上市公司合理业绩归因；最后，自利性业绩归因减去合理业绩归因，得到不合理业绩归因
	Implausible attribution_Sent	首先，分行业和年度回归以下模型估计各项系数，$Self\text{-}serving\ attribution\_Sent_{it}=\beta_0+\beta_1 ROA_{it}+\beta_2 Sales\ Growth_{it}+\varepsilon_{it}$；其次，根据估计的各项系数计算上市公司合理业绩归因；最后，自利性业绩归因减去合理业绩归因，得到不合理业绩归因

续表

变量名称	变量符号	变量说明
分析师关注	$Analyst\ coverage_{it}$	t年度跟踪i上市公司分析师数量加1的自然对数
公司业绩	$Performance_{it}$	如果公司总资产收益率（ROA）和营业收入增长率（Sales growth）都大于或者等于行业年度中位数，则取值为1，否则取0
公司规模	$Firm\ size_{it}$	i上市公司t年度年末总资产的自然对数
负债水平	$Leverage_{it}$	i上市公司t年度年末总负债与总资产的比率
行业集中度	$Industry\ concentration_{it}$	i上市公司所处行业t年度赫芬达尔-赫希曼指数（HHI），具体等于各上市公司营业收入除以所处行业所有上市公司营业收入的平方之和
账面市值比	$Book\text{-}to\text{-}market_{it}$	i上市公司t年度所有者权益的账面价值与市值的比率
四大会计师事务所	$Big\ 4_{it}$	如果i上市公司t年度由四大会计师事务所审计，包括普华永道（PwC）、德勤（DTT）、毕马威（KPMG）、安永（EY），则取1，否则取0
异常应计利润	$Abnormal\ accrual_{it}$	通过修正的Jones模型估计的i上市公司t年度异常应计利润
管理层过度自信	$Overconfidence_{it}$	i上市公司t年度薪酬排名前三的高管平均薪酬与员工平均薪酬的比率
管理者薪酬	$Compensation_{it}$	i上市公司t年度薪酬排名前三的高管薪酬的自然对数
第一大股东持股比例	$Top\ shareholder_{it}$	i上市公司t年度第一大股东持股数量与总股数的比率
机构持股比例	$Institutional\ ownership_{it}$	i上市公司t年度机构投资者持股数量与总股数的比率
行业	Industry	行业虚拟变量，行业分类标准采用2012年中国证监会行业分类标准，并对制造业取三位代码细分
年度	Year	年度虚拟变量

表6-3报告了样本行业分布结果。从行业分布来看，制造业（行业代码“C”）上市公司占大多数，比例达到66.05%，住宿与餐饮业（行业代码“H”）上市公司占比最低，为总样本的0.05%。这与整体上市公司行业分布情况一致。为了缓解样本在制造业的聚类现象，作者对制造业取了三位代码以进一步细分，从而更加精确地控制行业层面的系统性差异。

表6-3 **样本行业分布**

行业（行业代码）	观测值	比例
农、林、牧、渔业（A）	305	1.80%
采矿业（B）	482	2.84%
制造业（C）	11 211	66.05%
电力、热力、燃气及水生产和供应业（D）	722	4.25%
建筑业（E）	497	2.93%
批发和零售业（F）	1 130	6.66%
交通运输、仓储和邮政业（G）	613	3.61%
住宿与餐饮业（H）	8	0.05%
信息传输、软件和信息技术服务业（I）	549	3.23%
房地产业（K）	705	4.15%
租赁和商务服务业（L）	169	1.00%
科学研究和技术服务业（M）	42	0.24%
水利、环境和公共设施管理业（N）	124	0.73%
文化、体育和娱乐业（R）	118	0.70%
综合（S）	298	1.76%
Total	16 973	100%

表6-4报告了样本年度分布结果。从时间序列上来看，样本量呈现逐年增加的趋势，与我国资本市场不断发展壮大的实际情况相符。

表6-4 **样本年度分布**

年度	观测值	比例
2007	716	4.22%
2008	1 019	6.00%
2009	857	5.05%
2010	1 026	6.04%
2011	1 347	7.94%
2012	1 263	7.44%
2013	1 348	7.94%
2014	1 329	7.83%
2015	1 400	8.25%
2016	1 481	8.73%
2017	1 808	10.65%
2018	1 631	9.61%
2019	1 748	10.30%
Total	16 973	100%

6.4 实证结果与分析

6.4.1 描述性统计

表6-5报告了变量描述性统计结果。$Performance_{it}$的均值为0.305，这表明本章研究样本中有30.5%是绩优公司，即公司总资产收益率（ROA）与营业收入增长率（Sales growth）都大于或者等于当年度行业中位数。其余变量的描述性统计结果与前面章节一致，这里不再赘述。总而言之，控制变量的描述性统计结果与已有研究结果相近。

表6-5 **变量描述性统计**

变量	观测值	均值	标准差	中位数	最小值	最大值
Implausible attribution_Word$_{it}$	16 973	0.515	0.468	0.600	−0.951	1.572
Implausible attribution_Sent$_{it}$	16 973	0.519	0.456	0.593	−0.885	1.575
Analyst coverage$_{it}$	16 973	1.397	1.156	1.386	0.000	3.714
Performance$_{it}$	16 973	0.305	0.461	0.000	0.000	1.000
Firm size$_{it}$	16 973	22.147	1.268	22.016	19.481	25.931
Leverage$_{it}$	16 973	0.469	0.209	0.469	0.065	0.985
Industry concentration$_{it}$	16 973	0.091	0.081	0.065	0.015	0.386
Book-to-market$_{it}$	16 973	0.281	0.148	0.259	0.003	0.750
Big 4$_{it}$	16 973	0.052	0.222	0.000	0.000	1.000
Abnormal accrual$_{it}$	16 973	0.017	0.100	0.016	−0.340	0.360
Overconfidence$_{it}$	16 973	6.725	5.452	5.120	0.606	33.214
Compensation$_{it}$	16 973	14.173	0.754	14.187	12.210	16.098
Top shareholder$_{it}$	16 973	0.355	0.152	0.337	0.087	0.750
Institutional ownership$_{it}$	16 973	0.061	0.073	0.034	0.000	0.351

注：对所有连续变量进行了上下1百分位的缩尾处理；变量定义见表6-2。

6.4.2 多元回归结果

表6-6报告了公司业绩、分析师关注与上市公司不合理业绩归因的回归结果。Panel A和Panel B的因变量分别是Implausible attribution_Word$_{it}$和Implausible attribution_Sent$_{it}$。两者结果相近，以下以Panel A为例进行分析。从结果来看，Analyst coverage$_{it}$*Performance$_{it}$的估计系数显著为正（估计系数=0.018，t=2.622），支持本章研究假设，即分析师关注对绩差公司不合理业绩归因的抑制作用更强。这表明鉴于分析师的归因偏向，为了避免引起分析师的负面评价，绩差公司降低不合理业绩归因的程度更大。其余控制变量的结果与前面章节基本一致，这里不再赘述。

表6-6　　公司业绩、分析师关注与上市公司不合理业绩归因

变量	Panel A	Panel B
	Implausible attribution_Word$_{it}$	Implausible attribution_Sent$_{it}$
Analyst coverage$_{it}$	-0.053^{***}	-0.055^{***}
	(−10.854)	(−11.480)
Performance$_{it}$	-0.264^{***}	-0.265^{***}
	(−18.157)	(−18.869)
Analyst coverage$_{it}$* Performance$_{it}$	0.018^{***}	0.020^{***}
	(2.622)	(3.036)
Firm size$_{it}$	-0.010^{*}	-0.011^{*}
	(−1.669)	(−1.853)
Leverage$_{it}$	0.368^{***}	0.373^{***}
	(11.423)	(11.814)
Industry concentration$_{it}$	−0.145	-0.195^{*}
	(−1.295)	(−1.796)
Book-to-market$_{it}$	0.293^{***}	0.296^{***}
	(7.411)	(7.763)
Big 4$_{it}$	−0.009	−0.004
	(−0.414)	(−0.183)
Abnormal accrual$_{it}$	-0.399^{***}	-0.404^{***}
	(−9.882)	(−10.249)
Overconfidence$_{it}$	-0.002^{**}	-0.002^{**}
	(−2.106)	(−2.328)
Compensation$_{it}$	-0.031^{***}	-0.030^{***}
	(−3.290)	(−3.202)
Top shareholder$_{it}$	-0.136^{***}	-0.132^{***}
	(−4.654)	(−4.631)

续表

变量	Panel A	Panel B
	Implausible attribution_$Word_{it}$	Implausible attribution_$Sent_{it}$
Institutional $ownership_{it}$	−0.130**	−0.120**
	(−2.075)	(−1.981)
Constant	1.122***	1.122***
	(7.917)	(8.179)
行业固定效应	Yes	Yes
年度固定效应	Yes	Yes
观测值	16 973	16 973
R^2	0.220	0.236

注：***、**、*分别表示在1%、5%、10%统计水平上显著；对所有连续变量进行了上下1百分位的缩尾处理；括号内为t值，标准误经过公司层面的聚类调整；变量定义见表6-2。

6.5 稳健性检验

为了增强上述研究结论的稳健性，作者进行了如下稳健性检验：第一，采用公司固定效应模型剔除公司层面不可观测时不变影响因素对结果的干扰；第二，替换分析师关注的衡量指标；第三，对制造业除外的其他行业也细分至三位代码重新回归；第四，变更样本选择，包括剔除不合理业绩归因为负的观测值，以及没有分析师关注的样本。下面逐一详细介绍。

6.5.1 公司固定效应模型

这一部分，作者通过公司固定效应模型排除不可观测的不随时间变化的公司层面因素对上述结论的影响。尽管公司层面的因变量或自变量时间序列变化相对小可能大大降低公司固定效应模型的检验效率（Zhou，2001）。

表6-7报告了公司固定效应模型的回归结果。Panel A和Panel B的因变量分别是 Implausible attribution_Word$_{it}$ 和 Implausible attribution_Sent$_{it}$。从结果来看，Analyst coverage$_{it}$*Performance$_{it}$的估计系数都显著为正，与上文回归结果一致。这意味着，上文结果并非由不可观测的不随时间变化的公司层面因素所导致，本章研究结论稳健。

表6-7　　　　稳健性检验1：采用公司固定效应模型

变量	Panel A	Panel B
	Implausible attribution_Word$_{it}$	Implausible attribution_Sent$_{it}$
Analyst coverage$_{it}$	−0.035***	−0.036***
	(−5.821)	(−6.138)
Performance$_{it}$	−0.236***	−0.235***
	(−15.093)	(−15.534)
Analyst coverage$_{it}$* Performance$_{it}$	0.016**	0.018**
	(2.191)	(2.433)
Firm size$_{it}$	−0.032***	−0.034***
	(−2.944)	(−3.195)
Leverage$_{it}$	0.455***	0.454***
	(9.058)	(9.275)
Industry concentration$_{it}$	−0.032	−0.062
	(−0.361)	(−0.723)
Book-to-market$_{it}$	0.359***	0.346***
	(6.269)	(6.286)
Big 4$_{it}$	0.071**	0.064*
	(1.992)	(1.890)
Abnormal accrual$_{it}$	−0.413***	−0.416***
	(−9.497)	(−9.879)

续表

变量	Panel A	Panel B
	$Implausible\ attribution\_Word_{it}$	$Implausible\ attribution\_Sent_{it}$
$Overconfidence_{it}$	-0.002	-0.002
	(-1.071)	(-1.510)
$Compensation_{it}$	-0.056^{***}	-0.054^{***}
	(-3.697)	(-3.744)
$Top\ shareholder_{it}$	-0.307^{***}	-0.304^{***}
	(-4.767)	(-4.835)
$Institutional\ ownership_{it}$	-0.150^{**}	-0.131^{*}
	(-2.061)	(-1.885)
Constant	1.795^{***}	1.827^{***}
	(6.636)	(7.058)
公司固定效应	Yes	Yes
年度固定效应	Yes	Yes
观测值	16 973	16 973
R^2	0.155	0.168

注：***、**、*分别表示在1%、5%、10%统计水平上显著；对所有连续变量进行了上下1百分位的缩尾处理；括号内为t值，标准误经过公司层面的聚类调整；变量定义见表6-2。

6.5.2 替换分析师关注衡量指标

上文以当年度跟踪分析上市公司的分析师数量加1的自然对数度量了分析师关注。这里作者以当年度关于上市公司的分析师研究报告数量加1的自然对数（Report）度量分析师关注。

表6-8报告了替换分析师关注衡量指标后的回归结果。Panel A和Panel B的因变量分别是$Implausible\ attribution_Word_{it}$和$Implausible\ attribution_Sent_{it}$。从结果来看，$Analyst\ coverage_{it}*Performance_{it}$的系数都显著为正，与上文回归结果一致，表明本章研究结论稳健。

表6-8　　稳健性检验2：替换分析师关注衡量指标

变量	Panel A	Panel B
	$Implausible\ attribution\_Word_{it}$	$Implausible\ attribution\_Sent_{it}$
$Report_{it}$	−0.045***	−0.047***
	(−11.436)	(−12.088)
$Performance_{it}$	−0.263***	−0.266***
	(−18.249)	(−18.999)
$Report_{it}*Performance_{it}$	0.015***	0.017***
	(2.745)	(3.219)
$Firm\ size_{it}$	−0.009	−0.009*
	(−1.475)	(−1.662)
$Leverage_{it}$	0.365***	0.370***
	(11.344)	(11.734)
$Industry\ concentration_{it}$	−0.141	−0.191*
	(−1.262)	(−1.760)
$Book\text{-}to\text{-}market_{it}$	0.289***	0.292***
	(7.299)	(7.653)
$Big\ 4_{it}$	−0.008	−0.003
	(−0.403)	(−0.173)
$Abnormal\ accrual_{it}$	−0.398***	−0.403***
	(−9.865)	(−10.229)
$Overconfidence_{it}$	−0.002**	−0.002**
	(−2.063)	(−2.287)
$Compensation_{it}$	−0.031***	−0.029***
	(−3.278)	(−3.191)

续表

变量	Panel A	Panel B
	Implausible attribution_Word$_{it}$	Implausible attribution_Sent$_{it}$
Top shareholder$_{it}$	−0.136***	−0.132***
	(−4.662)	(−4.642)
Institutional ownership$_{it}$	−0.118*	−0.109*
	(−1.894)	(−1.805)
Constant	1.096***	1.096***
	(7.744)	(8.004)
行业固定效应	Yes	Yes
年度固定效应	Yes	Yes
观测值	16 973	16 973
R^2	0.221	0.236

注：***、**、*分别表示在1%、5%、10%统计水平上显著；对所有连续变量进行了上下1百分位的缩尾处理；括号内为t值，标准误经过公司层面的聚类调整；变量定义见表6-2。

6.5.3 变更行业分类方法

上文包括计算不合理业绩归因的回归模型，以及分析师关注与上市公司不合理业绩归因的回归模型中，作者对制造业细分至三位代码（如C13等），而对其他行业控制至一位代码（如A等）。这一部分，作者对制造业除外的其他行业也细分至三位代码，以更加严格地控制行业层面的系统性差异。

表6-9报告了变更行业分类方法后的回归结果。Panel A和Panel B的因变量分别是Implausible attribution_Word$_{it}$和Implausible attribution_Sent$_{it}$。从结果来看，Analyst coverage$_{it}$*Performance$_{it}$的估计系数都显著为正，与上文回归结果一致。这意味着，更加严格地控制行业层面的系统性差异并未改变本章研究结论。

表6-9 稳健性检验3：变更行业分类方法

变量	Panel A	Panel B
	Implausible attribution_Word$_{it}$	Implausible attribution_Sent$_{it}$
Analyst coverage$_{it}$	-0.054^{***}	-0.055^{***}
	(−10.562)	(−11.141)
Performance$_{it}$	-0.263^{***}	-0.265^{***}
	(−17.791)	(−18.488)
Analyst coverage$_{it}$* Performance$_{it}$	0.018^{**}	0.019^{***}
	(2.500)	(2.820)
Firm size$_{it}$	−0.009	−0.009
	(−1.454)	(−1.576)
Leverage$_{it}$	0.370^{***}	0.374^{***}
	(11.049)	(11.378)
Industry concentration$_{it}$	−0.040	−0.083
	(−0.326)	(−0.696)
Book-to-market$_{it}$	0.264^{***}	0.268^{***}
	(6.392)	(6.729)
Big 4$_{it}$	−0.012	−0.007
	(−0.549)	(−0.332)
Abnormal accrual$_{it}$	-0.410^{***}	-0.416^{***}
	(−9.794)	(−10.154)
Overconfidence$_{it}$	−0.002	-0.002^{*}
	(−1.603)	(−1.811)
Compensation$_{it}$	-0.034^{***}	-0.033^{***}
	(−3.441)	(−3.327)
Top shareholder$_{it}$	-0.149^{***}	-0.142^{***}
	(−4.894)	(−4.774)

续表

变量	Panel A	Panel B
	Implausible attribution_$Word_{it}$	Implausible attribution_$Sent_{it}$
Institutional $ownership_{it}$	-0.117*	-0.109*
	(-1.801)	(-1.737)
Constant	1.105***	1.088***
	(7.009)	(7.089)
行业固定效应	Yes	Yes
年度固定效应	Yes	Yes
观测值	16 032	16 032
R^2	0.225	0.241

注：***、**、*分别表示在1%、5%、10%统计水平上显著；对所有连续变量进行了上下1百分位的缩尾处理；括号内为t值，标准误经过公司层面的聚类调整；变量定义见表6-2。

6.5.4 变更样本选择

本章研究样本中不合理业绩归因为负的观测值共2 342个，占总样本的13.80%（2 342/16 973）。上市公司普遍存在自利性业绩归因的倾向并且倾向强烈，因此多少存在不合理业绩归因的情况可能更加符合常理。尽管存在绩优公司如实归因于有利的外部环境，而不过多提及管理者自身决策得当，亦或存在反思和总结管理过失的绩差公司，但是这类上市公司十分罕见。为了排除这类异常样本对结论的可能影响，这一部分作者剔除不合理业绩归因为负的样本重新进行回归。另外，作者还剔除没有分析师关注的公司年度观测值后重新进行了回归。

表6-10中Panel A和Panel B报告了剔除不合理业绩归因为负的样本后回归的结果，因变量分别是Implausible attribution_$Word_{it}$和Implausible attribution_$Sent_{it}$。表6-10中Panel C和Panel D报告了剔除没有分析师关注的样本后回归的结果，因变量分别是Implausible attribution_Word$_{it}$和 Implausible attribution_Sent$_{it}$。从结果来看，Analyst coverage$_{it}$*Performance$_{it}$的系数都显著为正。以上结果意味着，本章结论并非特定样本导致的结果。

表6-10　　　　　　　　**稳健性检验4：变更样本选择**

变量	剔除不合理业绩归因为负的样本		剔除没有分析师关注的样本	
	Panel A	Panel B	Panel C	Panel D
	Implausible attribution_Word$_{it}$	Implausible attribution_Sent$_{it}$	Implausible attribution_Word$_{it}$	Implausible attribution_Sent$_{it}$
Analyst coverage$_{it}$	-0.042^{***}	-0.043^{***}	-0.064^{***}	-0.063^{***}
	(-11.830)	(-12.000)	(-9.336)	(-9.532)
Performance$_{it}$	-0.200^{***}	-0.204^{***}	-0.251^{***}	-0.247^{***}
	(-21.438)	(-21.472)	(-11.497)	(-11.690)
Analyst coverage$_{it}$* Performance$_{it}$	0.027^{***}	0.028^{***}	0.017^{*}	0.016^{*}
	(5.851)	(6.080)	(1.776)	(1.766)
Firm size$_{it}$	-0.009^{**}	-0.010^{**}	-0.015^{**}	-0.017^{***}
	(2.170)	(2.376)	(2.315)	(2.581)
Leverage$_{it}$	0.254^{***}	0.265^{***}	0.468^{***}	0.472^{***}
	(10.752)	(11.183)	(12.180)	(12.648)
Industry concentration$_{it}$	-0.148^{*}	-0.186^{**}	-0.200	-0.257^{*}
	(-1.869)	(-2.337)	(-1.485)	(-1.946)
Book-to-market$_{it}$	0.061^{**}	0.068^{**}	0.363^{***}	0.367^{***}
	(2.133)	(2.404)	(7.597)	(7.999)
Big 4$_{it}$	0.007	0.009	-0.002	0.003
	(0.503)	(0.717)	(-0.116)	(0.124)
Abnormal accrual$_{it}$	-0.377^{***}	-0.383^{***}	-0.289^{***}	-0.289^{***}
	(-12.395)	(-12.492)	(-5.916)	(-6.115)

续表

变量	剔除不合理业绩归因为负的样本		剔除没有分析师关注的样本	
	Panel A	Panel B	Panel C	Panel D
	Implausible attribution_Word$_{it}$	Implausible attribution_Sent$_{it}$	Implausible attribution_Word$_{it}$	Implausible attribution_Sent$_{it}$
Overconfidence$_{it}$	-0.001	-0.001	-0.002*	-0.002*
	(-0.980)	(-1.233)	(-1.758)	(-1.907)
Compensation$_{it}$	-0.029***	-0.029***	-0.034***	-0.032***
	(-4.353)	(-4.408)	(-3.051)	(-2.989)
Top shareholder$_{it}$	-0.100***	-0.097***	-0.145***	-0.141***
	(-4.929)	(-4.822)	(-4.294)	(-4.284)
Institutional ownership$_{it}$	-0.104**	-0.114**	-0.144**	-0.127**
	(-2.359)	(-2.562)	(-2.216)	(-2.033)
Constant	1.279***	1.299***	1.308***	1.304***
	(12.687)	(13.004)	(7.801)	(8.023)
行业固定效应	Yes	Yes	Yes	Yes
年度固定效应	Yes	Yes	Yes	Yes
观测值	14 631	14 631	12 169	12 169
R^2	0.219	0.231	0.224	0.237

注：***、**、*分别表示在1%、5%、10%统计水平上显著；对所有连续变量进行了上下1百分位的缩尾处理；括号内为t值，标准误经过公司层面的聚类调整；变量定义见表6-2。

6.6 本章小结

管理层通过自利性业绩归因可以取得投资者更高的评价。而分析师通过引导投资者预期可以增加自利性业绩归因的收益。但是分析师一旦识破上市公司不合理业绩归因，其负面评价可能会造成严重的声誉损失。

绩优公司与绩差公司管理层对不合理业绩归因收益和成本的估计不同。尽管业绩压力可能会削弱绩差公司对未来声誉风险的估计，但是考虑到分析师作为观察者倾向把绩差归因于上市公司内部因素，分析师对绩差公司不合理业绩归因更有可能出具不诚信的评价，因此绩差公司面临更高的声誉风险。

以2007年至2019年A股非金融上市公司为样本，作者检验了分析师关注对绩优和绩差公司不合理业绩归因的影响差异。研究结果表明，分析师关注对绩差公司不合理业绩归因的抑制作用更强。本章研究结论有助于深化理解声誉机制作用条件。

7 明星分析师、分析师关注与上市公司不合理业绩归因

为了便于分析，本书第5章研究分析师关注对上市公司不合理业绩归因的影响时，作者隐含性地假定了：第一，不同上市公司对不合理业绩归因收益和成本的估计相同；第二，不同分析师对上市公司行为的影响相同；第三，分析师除外其他上市公司外部治理环境相同。第6章作者放宽第一个假定，检验了分析师关注对绩优和绩差公司不合理业绩归因的作用差异。本章作者放宽第二个假定，实证检验明星分析师对分析师关注与上市公司不合理业绩归因之间关系的影响，从而丰富和加强本书研究结论。

7.1 引言

分析师关注之所以可以抑制上市公司不合理业绩归因，是因为：第一，分析师具有突出的信息优势和专业能力。分析师普遍具有专业教育背景，并且长期关注特定行业，相比一般投资者对行业状况的把握更为

精准，更加通晓上市公司外部经营环境，掌握对公司业绩影响显著的外部因素。同时，分析师又有条件通过调研等方式深入了解上市公司内部情况，能够对业绩的内部成因做出判断，从而易于发现公司不合理业绩归因。第二，分析师具有强大的市场影响力。如果分析师认定管理层逃避责任给予负面评价，则会降低投资者预期。

事实上分析师并非同质的整体，分析师的能力和市场影响力存在差异。开展相关研究的有Stickel（1992，1995）、Xu等（2013）、Fang和Yasuda（2014）、万丽梅和逯东（2013）、伊志宏和江轩宇（2013）、王宇熹等（2012）、李勇等（2015）、李丽青（2012）等。

尽管难以评估分析师研究报告的质量，但是由第三方机构发布的明星分析师榜单，如美国《机构投资者》杂志评选的"全美明星分析师"，我国《新财富》杂志公布的"最佳分析师"，意味着分析师能力得到了市场的认可，而且"明星分析师"的标签会提高其市场影响力（Fang and Yasuda，2014；伊志宏和江轩宇，2013；Loh and Stulz，2011）。

基于此，作者通过《新财富》杂志公布的"最佳分析师"代表分析师能力和市场影响力，实证检验明星分析师对分析师关注与上市公司不合理业绩归因两者关系的影响。以2007年至2019年非金融上市公司为样本，作者研究发现明星分析师加强了分析师关注对上市公司不合理业绩归因的抑制作用。变更样本选择、行业重分类、重新定义关键变量、采用公司固定效应模型等一系列稳健性检验，未改变研究结论。本章研究结论意味着，分析师能力和市场影响力是分析师关注抑制上市公司不合理业绩归因的重要条件。

本章研究贡献包括三个方面。首先，从明星分析师角度揭示了分析师关注对上市公司行为的作用差异。大部分关于分析师外部治理机制的研究忽略了分析师个体特征差异（Chang et al.，2006；Yu，2008；李春涛等，2014；李琳和张敦力，2017）。翟胜宝等（2016）关于分析师关注对上市公司审计意见购买行为的影响研究，还有宋常等（2016）关于分析师关注对上市公司成本黏性的影响研究，虽然探讨了明星分析师关注对上市公司行为的影响，但是两位学者都没有提供外部治理机制方面分析师关注与明星分析师关注之间的相互作用。本章通过研究明星分析师对分析师关注与不合理业绩归因之间关系的影响，明晰了分析师关注与明星分析师关注之间的相互作用，从而弥补了现有文献的上述不足。

其次，研究结论为明星分析师评选机制的有效性提供了证据。尽管众多国内外研究认为，明星分析师发布的盈余预测和评级调整更加准确，盈余预测修正和评级调整的投资者反应也更加强烈（Stickel，1992；李丽青，2012；伊志宏和江轩宇，2013；Loh and Stulz，2011；李勇等，2015），但是随着近年来关于分析师和券商为评选最佳分析师和最佳券商寻租的事件多次公之于众，不乏质疑明星分析师评选机制公正性和有效性的声音（吴偎立等，2016）。本章研究从外部治理角度，揭示了明星分析师区别于非明星分析师的威慑作用，有利于全面并且客观评价明星分析师评选机制的有效性，对监管部门相关决策也有一定的借鉴意义。

最后，研究结论丰富了归因理论中利己主义偏向限制条件相关的知识。根据归因理论，活动者（上市公司管理层）在自利归因方面不能为所欲为。利己主义偏向限制条件相关理论指出，当活动者所做归因存在被观察者（外部信息使用者）否定的可能性时，活动者的自利性程度有所收敛（刘永芳，2010）。本章研究结论表明，分析师个体特征（如能力和市场影响力）是影响上市公司不合理业绩归因的重要条件。该结论置于归因理论则意味着，活动者进行利己归因时会根据观察者的能力和影响力权衡其收益和成本。也就是说，观察者的能力和影响力是观察者得以限制活动者利己主义偏向的重要条件。

7.2 理论分析与假设提出

分析师通过收集信息、分析信息、传播信息，极大地降低了资本市场信息不对称水平，因此分析师在优化资本市场信息环境方面占据重要地位。然而分析师并非同质的整体，由于分析师之间的能力不同，其研究报告的质量也存在着差异。目前由独立第三方机构发起、机构投资者评选的明星分析师成为分析师能力的代表。大量研究也证明，由此评选出的明星分析师的能力和市场影响力优于非明星分析师。下面分别从能力和市场影响力两个方面，分析明星分析师与非明星分析师两者的差异，并据此提出本章研究假设。

7.2.1 明星分析师与非明星分析师的能力差异

相比非明星分析师，明星分析师挖掘上市公司特质信息的能力更强。行业信息和公司特质信息构成了分析师盈余预测和推荐评级的分析基础。然而，因为行业信息容易掌握，分析师的信息优势更多地体现在公司特质信息的来源和挖掘方面（Ayers and Freeman，1997；Liu，2011；万丽梅和逯东，2013；Crawford et al.，2012；伊志宏和江轩宇，2013）。

关于这一方面，Xu 等（2013）的研究发现，明星分析师关注与股价同步性负相关，是因为明星分析师挖掘了更多的公司特质信息。伊志宏和江轩宇（2013）的研究同样发现，明星分析师评级调整带来了更高的投资价值，是因为明星分析师提供了更多的公司特质信息。另一方面，明星分析师的评选方是机构投资者。考虑到机构投资者本身已具备一定的信息来源和分析能力，明星分析师得到了机构投资者认可，说明其提供了具有价值的信息（伊志宏和江轩宇，2013）。

尽管也有研究认为机构投资者存在搭便车的行为，即没有认真地筛选最优分析师，而是选择了最知名分析师（吴偎立等，2016）。甚至有学者认为分析师及其所在券商与上市公司存在利益交换的可能。例如，分析师对所在券商承销上市公司出具更加乐观的盈余预测，作为利益交换公司会给予该分析师更多实地调研的机会或私有信息，有助于分析师提高盈余预测准确性，进而评选为明星分析师的可能性也更大（Firth et al.，2013；Chan et al.，2020）。但是考虑到资本市场是重复博弈场，声誉可以限制分析师以及机构投资者的机会主义行为，因为长期来看，不当行为必然会受到资本市场的惩罚（Fang and Yasuda，2009；Hong and Kubik，2003）。而且 Fang 和 Yasuda（2009）的研究发现，明星分析师的良好表现主要来源于个人能力，并非运气或私有信息起决定性作用。基于我国的制度背景，李勇等（2015）的研究也得出了同样的结论。

基于以上分析，作者认为与非明星分析师相比，明星分析师更有能力对公司业绩成因做出判断，从而发现上市公司不合理业绩归因的可能性更高。

7.2.2 明星分析师与非明星分析师的市场影响力差异

明星分析师与非明星分析师能力方面的差异进一步导致两者的市场影响力有所不同。已有大量研究发现，明星分析师的盈余预测和评级调整更加准确（Stickel，1992；李丽青，2012；伊志宏和江轩宇，2013；李勇等，2015）。一般投资者从明星分析师研究报告中可以得到更加合理的反映公司价值的信息。投资者必然更加关注和追随明星分析师（Jackson，2005），而且“明星分析师”头衔也会极大地提高分析师声誉（Stickel，1992）。

关于这一方面，已有研究发现相比非明星分析师，明星分析师的研究报告短期市场反应更加积极（Stickel，1995），并且其盈余预测修正和评级调整更有可能引起股价的变动或者交易量的波动，同时市场反应也更大（Loh and Stulz，2011；Stickel，1992）。可见明星分析师的观点对投资者行为的引导作用更大。

通过以上分析，作者推测相比非明星分析师，明星分析师不仅判别公司业绩成因的能力更强，更有可能识别上市公司不合理业绩归因行为，而且由此出具负面评价时，所引起的投资者反应更大，对上市公司声誉打击更大。据此，作者提出如下研究假设：

H7-1：存在明星分析师关注或关注比例越高，分析师关注与上市公司不合理业绩归因之间的负相关关系越强。

7.3 研究设计

7.3.1 关键变量定义

（1）不合理业绩归因（Implausible attribution）

考虑到尚无文献直接度量不合理业绩归因，前面章节基于归因理论构建了上市公司不合理业绩归因的度量方法，并且通过机器学习算法取得的大样本，从经济后果角度检验了该度量方法的有效性。这里不再详细陈述，只做简单介绍。

归因理论认为，观察者（外部信息使用者）通过对比活动者（上市公司管理层）与其他个体（同行业其他上市公司）行为结果的一致性评估活动者的归因合理性。同一环境条件下结果越相似，表示环境因素对结果起的作用越大。与归因理论相一致，Kimbrough和Wang（2014）通过考察上市公司自利性业绩归因的投资者反应，发现投资者根据上市公司与同行业其他上市公司的盈余同步性来识别自利性业绩归因合理与否。

基于此，作者结合可操控应计利润和非效率投资的计算模型构建了不合理业绩归因的度量方法。具体而言，通过分行业和年度回归自利性业绩归因（Self-serving attribution）与业绩（ROA）以及业绩变化（Sales growth）（模型（7.1）），把残差（ε）即偏离行业年度正常水平的上市公司自利性业绩归因认定为不合理业绩归因（Implausible attribution）。

$$\text{Self-serving attribution}_{it} = \beta_0 + \beta_1 ROA_{it} + \beta_2 \text{Sales growth}_{it} + \varepsilon_{it} \tag{7.1}$$

其中，下标i表示上市公司，下标t表示年度。自利性业绩归因（Self-serving attribution）的计算过程具体如下：首先，根据作者总结的归因词汇表，从年报“管理层讨论与分析”中摘出业绩归因语句；其次，参照已有研究（Salancik and Meindl，1984；Aerts，2005；Keusch et al.，2012；Aerts and Cheng，2011；Kimbrough and Wang，2014），根据业绩变动的方向（上升或下降）和归因的部位（内部归因或外部归因），将业绩归因语句划分为4个类别（详见表7-1），并计算各类别对应字数（含标点符号）和语句数（以逗号切分）；最后，为了消除不同上市公司年报语言风格的影响，参考孙蔓莉（2012）的方法，采用相对值度量自利性业绩归因。Self-serving attribution=（PI+NE−PE−NI）/（PI+NE+PE+NI），IP是指把绩优归因于内部因素，EN是指把绩差归因于外部因素，EP是指把绩优归因于外部因素，IN是指把绩差归因于内部因素，该值越大表示上市公司自利性业绩归因倾向越强。

表7-1　　业绩归因参数定义

		归因（Attribution）	
		内因（Internal）	外因（External）
业绩（Performance）	绩优（Positive）	PI：绩优归于内因（Positive，Internal）	PE：绩优归于外因（Positive，External）
	绩差（Negative）	NI：绩差归于内因（Negative，Internal）	NE：绩差归于外因（Negative，External）
自利性业绩归因：PI-PE+NE-NI			

另外，为了克服以往自利性业绩归因相关研究样本量偏少的局限性，作者引入机器学习算法浅层网络（FastText）取得大样本进行分析，从而增强研究结果的稳健性。首先，抽取2 000份上市公司年报，按照上述方法进行了人工标注，每一项归因的判断和赋值分别由两人独立进行，而后对比结果。存在意见分歧时由第三人加入讨论后再行判断，以最大程度上避免衡量误差。其次，通过机器学习算法浅层网络对人工标注的训练集进行运算，得到最优文本分类模型。最后，使用该模型对样本期间所有上市公司年报“管理层讨论与分析”中的文本进行分类，得到每一份报告业绩归因不同参数（PI/PE/NI/NE）对应的字数和语句数。准确度检验结果显示，通过机器学习算法浅层网络提取业绩归因段落的准确度达到93.51%，判断归因类别的准确度达到87.36%。这说明通过机器学习算法浅层网络计算自利性业绩归因的结果可靠（Deng et al.，2018）。

业绩（ROA）采用总资产收益率度量，具体等于净利润与年末总资产的比率；业绩变化（Sales growth）以营业收入增长率度量，具体等于该年度与上年度营业收入的比率再减1。此外，行业作者采用了2012年中国证监会行业分类标准，并对制造业取了三位代码细分，同时剔除了行业和年度内上市公司少于10个的观测值。

（2）分析师关注（Analyst coverage）

借鉴已有研究，分析师关注以当年度跟踪分析上市公司的分析师数量加1的自然对数度量（Yu，2008；李春涛等，2014）。

（3）明星分析师关注（Star analyst）

借鉴已有研究，作者根据《新财富》杂志公布的“最佳分析师”界定明星分析师（伊志宏和江轩宇，2013；王宇熹等，2012；李勇等，2015；李丽青，2012）。尽管《新财富》每年度10月底截止“最佳分析师”评选投票，11月中旬公布“最佳分析师”名单，但是这距离上市公司发布年度报告进行业绩归因间隔近5个月的时间，管理层关注最新明星分析师的时间充足。作者以当年度11月中旬《新财富》公布的“最佳分析师”名单为基础，分别设置虚拟变量和连续变量。如果跟踪该上市公司分析师当中存在明星分析师，那么 $Star\ analyst\_Dummy_{it}$ 取值为1，否则为0。$Star\ analyst\_Ratio_{it}$ 则等于跟踪该上市公司明星分析师人数除以跟踪该上市公司所有分析师人数。

7.3.2 模型设定

作者通过回归模型（7.2），检验明星分析师、分析师关注与上市公司不合理业绩归因之间的关系。

$$
\begin{aligned}
\text{Implausible attribution}_{it} = {} & \beta_0 + \beta_1 \text{Analyst coverage}_{it} + \beta_2 \text{Star analyst}_{it} + \\
& \beta_3 \text{Analyst coverage}_{it} * \text{Star analyst}_{it} + \beta_4 \text{Firm size}_{it} + \\
& \beta_5 \text{Leverage}_{it} + \beta_6 \text{Industry concentration}_{it} + \\
& \beta_7 \text{Book-to-market}_{it} + \beta_8 \text{Big 4}_{it} + \beta_9 \text{Abnormal accruals}_{it} + \\
& \beta_{10} \text{Overconfidence}_{it} + \beta_{11} \text{Compensation}_{it} + \\
& \beta_{12} \text{Top shareholder}_{it} + \beta_{13} \text{Institutional ownership}_{it} + \\
& \text{Industry fixed effects} + \text{Year fixed effects} + \varepsilon_{it}
\end{aligned} \tag{7.2}
$$

其中，下标i表示上市公司，下标t表示年度。根据本章研究假设，分析师关注与明星分析师的交互项（$Analyst\ coverage_{it}*Star\ analyst_{it}$）的系数（$\beta_3$）应该显著为负，表明明星分析师加强了分析师关注对上市公司不合理业绩归因的抑制作用。

同前面章节，作者包括了如下控制变量。①Firm size，代表公司规模，以年末总资产的自然对数来度量。②Leverage，代表负债水平，以年末总负债与总资产的比率来度量。③Industry concentration，代表行业集中度，以赫芬达尔-赫希曼指数（HHI）来度量，具体等于各上市公司营业收入除以所处行业所有上市公司营业收入的平方之和，该值越大表示行业集中程度越高，竞争程度越低。④Book-to-market，代表账面市值比，以上市公司所有者权益的账面价值与市值的比率来度量。

⑤Big 4，代表审计机构是否是四大会计师事务所，如果审计机构是四大会计师事务所，包括普华永道（PwC）、德勤（DTT）、毕马威（KPMG）、安永（EY），该值取1，否则取0。⑥Abnormal accruals，代表异常应计利润，通过分行业和年度回归修正的Jones模型计算得出，其回归过程仅保留了同行业和年度内上市公司不少于10个的观测值。⑦Overconfidence，代表管理层过度自信，以薪酬排名前三的高管平均薪酬与员工平均薪酬的比率来度量。⑧Compensation，代表管理层薪酬，以薪酬排名前三的高管薪酬的自然对数来度量。⑨Top shareholder，代表第一大股东持股比例，以第一大股东持股数量与总股数的比率来度量。⑩Institutional ownership，代表机构持股比例，以机构投资者持股数量与总股数的比率来度量。

最后，作者采用行业和年度固定效应模型控制了上市公司不合理业绩归因在行业和时间层面上的系统性差异，其中行业采用了2012年中国证监会行业分类标准，并对制造业取了三位代码细分。为了排除异常值的影响，作者对所有连续变量进行了上下1%的缩尾处理。具体变量定义如表7-2所示。

表7-2 **变量定义**

变量名称	变量符号	变量说明
自利性业绩归因	Self-serving attribution_Word	i上市公司t年度年报“管理层讨论与分析”中，自利性业绩归因字数减去非自利性业绩归因字数，具体而言，等于（PI+NE-PE-NI）/（PI+NE+PE+NI），其中IP是指将绩优归因于内部因素，EN是指将绩差归因于外部因素，EP是指将绩优归因于外部因素，IN是指将绩差归因于内部因素
	Self-serving attribution_Sent	i上市公司t年度年报“管理层讨论与分析”中，自利性业绩归因语句数减去非自利性业绩归因语句数，具体而言，等于（PI+NE-PE-NI）/（PI+NE+PE+NI），其中IP是指将绩优归因于内部因素，EN是指将绩差归因于外部因素，EP是指将绩优归因于外部因素，IN是指将绩差归因于内部因素

续表

变量名称	变量符号	变量说明
总资产收益率	ROA	i上市公司t年度净利润与年末总资产的比率
营业收入增长率	Sales growth	i上市公司t年度与上年度营业收入的比率再减1
不合理业绩归因	Implausible attribution_Word	首先，分行业和年度回归以下模型估计各项系数，$Self\text{-}serving\ attribution\_Word_{it}=\beta_0+\beta_1 ROA_{it}+\beta_2 Sales\ Growth_{it}+\varepsilon_{it}$；其次，根据估计的各项系数计算上市公司合理业绩归因；最后，自利性业绩归因减去合理业绩归因，得到不合理业绩归因
	Implausible attribution_Sent	首先，分行业和年度回归以下模型估计各项系数，$Self\text{-}serving\ attribution\_Sent_{it}=\beta_0+\beta_1 ROA_{it}+\beta_2 Sales\ Growth_{it}+\varepsilon_{it}$；其次，根据估计的各项系数计算上市公司合理业绩归因；最后，自利性业绩归因减去合理业绩归因，得到不合理业绩归因
分析师关注	$Analyst\ coverage_{it}$	t年度跟踪i上市公司分析师数量加1的自然对数
明星分析师关注与否	$Star\ analyst\_Dummy_{it}$	如果t年度跟踪i上市公司分析师当中存在明星分析师，则该值取1，否则取0
明星分析师关注比例	$Star\ analyst\_Ratio_{it}$	t年度跟踪i上市公司明星分析师人数除以t年度跟踪i上市公司所有分析师人数
公司规模	$Firm\ size_{it}$	i上市公司t年度年末总资产的自然对数
负债水平	$Leverage_{it}$	i上市公司t年度年末总负债与总资产的比率
行业集中度	$Industry\ concentration_{it}$	i上市公司所处行业t年度赫芬达尔-赫希曼指数（HHI），具体等于各上市公司营业收入除以所处行业所有上市公司营业收入的平方之和

续表

变量名称	变量符号	变量说明
账面市值比	$Book\text{-}to\text{-}market_{it}$	i上市公司t年度所有者权益的账面价值与市值的比率
四大会计师事务所	$Big\ 4_{it}$	如果i上市公司t年度由四大会计师事务所审计，包括普华永道（PwC）、德勤（DTT）、毕马威（KPMG）、安永（EY），则取1，否则取0
异常应计利润	$Abnormal\ accrual_{it}$	通过修正的Jones模型估计的i上市公司t年度异常应计利润
管理层过度自信	$Overconfidence_{it}$	i上市公司t年度薪酬排名前三的高管平均薪酬与员工平均薪酬的比率
管理者薪酬	$Compensation_{it}$	i上市公司t年度薪酬排名前三的高管薪酬的自然对数
第一大股东持股比例	$Top\ shareholder_{it}$	i上市公司t年度第一大股东持股数量与总股数的比率
机构持股比例	$Institutional\ ownership_{it}$	i上市公司t年度机构投资者持股数量与总股数的比率
行业	Industry	行业虚拟变量，行业分类标准采用2012年中国证监会行业分类标准，并对制造业取三位代码细分
年度	Year	年度虚拟变量

7.3.3 数据来源与样本选择

作者以2007年至2019年A股非金融上市公司作为初始研究样本，剔除变量缺失值后，最终剩余共16 973个公司年度观测值。上市公司年报“管理层讨论与分析”文本、高管以及员工薪酬数据来源于中国研究数据服务平台（CNRDS）。其他上市公司数据均来自国泰安金融经济研究数据库（CSMAR）。

表7-3报告了样本行业分布结果。从行业分布来看，制造业（行业代码“C”）上市公司占大多数，比例达到66.05%，住宿与餐饮业（行业代码“H”）上市公司占比最低，为总样本的0.05%。这与整体上市公司行业分布情况一致。为了缓解样本在制造业的聚类现象，作者对制造业取了三位代码以进一步细分，从而更加精确地控制行业层面的系统性差异。

表7-3　　　　样本行业分布

行业（行业代码）	观测值	比例
农、林、牧、渔业（A）	305	1.80%
采矿业（B）	482	2.84%
制造业（C）	11 211	66.05%
电力、热力、燃气及水生产和供应业（D）	722	4.25%
建筑业（E）	497	2.93%
批发和零售业（F）	1 130	6.66%
交通运输、仓储和邮政业（G）	613	3.61%
住宿与餐饮业（H）	8	0.05%
信息传输、软件和信息技术服务业（I）	549	3.23%
房地产业（K）	705	4.15%
租赁和商务服务业（L）	169	1.00%
科学研究和技术服务业（M）	42	0.25%
水利、环境和公共设施管理业（N）	124	0.73%
文化、体育和娱乐业（R）	118	0.70%
综合（S）	298	1.75%
Total	16 973	100%

表7-4报告了样本年度分布结果。从时间序列上来看，样本量呈现逐年增加的趋势，与我国资本市场不断发展壮大的实际情况相符。

表7-4　　样本年度分布

年度	观测值	比例
2007	716	4.22%
2008	1 019	6.00%
2009	857	5.05%
2010	1 026	6.04%
2011	1 347	7.94%
2012	1 263	7.44%
2013	1 348	7.94%
2014	1 329	7.83%
2015	1 400	8.25%
2016	1 481	8.73%
2017	1 808	10.65%
2018	1 631	9.61%
2019	1 748	10.30%
Total	16 973	100%

7.4 实证结果与分析

7.4.1 描述性统计

表7-5报告了变量描述性统计结果。从结果来看，Star $analyst_Dummy_{it}$的均值为0.413，这表明明星分析师关注的观测值占总样本的41.3%，剩下近60%的上市公司没有明星分析师关注，意味着明星分析师关注的公司相对集中。Star $analyst_Ratio_{it}$的均值为0.134，这表明平均而言一家上市公司关注分析师当中明星分析师占比为13.4%。其余变量的描述性统计结果与前面章节一致，这里不再赘述。总而言之，控制变量的描述性统计结果与已有研究结果相近。

表7-5 **变量描述性统计**

变量	观测值	均值	标准差	中位数	最小值	最大值
Implausible attribution_Word$_{it}$	16 973	0.515	0.468	0.600	-0.951	1.572
Implausible attribution_Sent$_{it}$	16 973	0.519	0.456	0.593	-0.885	1.575
Analyst coverage$_{it}$	16 973	1.397	1.156	1.386	0.000	3.714
Star analyst_Dummy$_{it}$	16 973	0.413	0.492	0.000	0.000	1.000
Star analyst_Ratio$_{it}$	16 973	0.134	0.216	0.000	0.000	1.000
Firm size$_{it}$	16 973	22.147	1.268	22.016	19.481	25.931
Leverage$_{it}$	16 973	0.469	0.209	0.469	0.065	0.985
Industry concentration$_{it}$	16 973	0.091	0.081	0.065	0.015	0.386
Book-to-market$_{it}$	16 973	0.281	0.148	0.259	0.003	0.750
Big 4$_{it}$	16 973	0.052	0.222	0.000	0.000	1.000
Abnormal accrual$_{it}$	16 973	0.017	0.100	0.016	-0.340	0.360
Overconfidence$_{it}$	16 973	6.725	5.452	5.120	0.606	33.214
Compensation$_{it}$	16 973	14.173	0.754	14.187	12.210	16.098
Top shareholder$_{it}$	16 973	0.355	0.152	0.337	0.087	0.750
Institutional ownership$_{it}$	16 973	0.061	0.073	0.034	0.000	0.351

注：对所有连续变量进行了上下1百分位的缩尾处理；变量定义见表6-2。

7.4.2 多元回归结果

表7-6报告了明星分析师、分析师关注与上市公司不合理业绩归因的回归结果。Panel A和Panel B报告了明星分析师关注与否（Star analyst_Dummy$_{it}$）对分析师关注与上市公司不合理业绩归因之间关系的作用结果，因变量分别是Implausible attribution_Word$_{it}$和Implausible attribution_Sent$_{it}$。Panel C和Panel D报告了明星分析师关注比例（Star analyst_Ratio$_{it}$）对分析师关注与上市公司不合理业绩归因之间关系的作

用结果，因变量分别是 Implausible attribution_Word$_{it}$ 和 Implausible attribution_Sent$_{it}$。结果可见，Analyst coverage$_{it}$*Star analyst_Dummy$_{it}$ 与 Analyst coverage$_{it}$*Star analyst_Ratio$_{it}$ 的系数都显著为负。这表明明星分析师加强了分析师关注对上市公司不合理业绩归因的抑制作用，支持本章研究假设。其余控制变量的结果与前面章节基本一致，这里不再赘述。

表7-6　明星分析师、分析师关注与上市公司不合理业绩归因

变量	Panel A	Panel B	Panel C	Panel D
	Implausible attribution_Word$_{it}$	Implausible attribution_Sent$_{it}$	Implausible attribution_Word$_{it}$	Implausible attribution_Sent$_{it}$
Analyst coverage$_{it}$	-0.051^{***}	-0.053^{***}	-0.072^{***}	-0.073^{***}
	(-8.927)	(-9.514)	(-15.488)	(-15.922)
Star analyst_Dummy$_{it}$	-0.020^{*}	-0.019^{*}		
	(-1.938)	(-1.952)		
Analyst coverage$_{it}$* Star analyst_Dummy$_{it}$	-0.044^{***}	-0.041^{***}		
	(-5.259)	(-5.018)		
Star analyst_Ratio$_{it}$			-0.063^{***}	-0.063^{***}
			(-3.345)	(-3.406)
Analyst coverage$_{it}$* Star analyst_Ratio$_{it}$			-0.084^{***}	-0.082^{***}
			(-4.399)	(-4.414)
Firm size$_{it}$	-0.004	-0.005	-0.004	-0.005
	(-0.666)	(-0.822)	(-0.736)	(-0.892)
Leverage$_{it}$	0.472^{***}	0.476^{***}	0.478^{***}	0.482^{***}
	(14.178)	(14.548)	(14.351)	(14.731)
Industry concentration$_{it}$	-0.151	-0.202^{*}	-0.152	-0.201^{*}
	(-1.318)	(-1.803)	(-1.315)	(-1.796)

续表

变量	Panel A	Panel B	Panel C	Panel D
	Implausible attribution_Word$_{it}$	Implausible attribution_Sent$_{it}$	Implausible attribution_Word$_{it}$	Implausible attribution_Sent$_{it}$
Book-to-market$_{it}$	0.383***	0.384***	0.391***	0.392***
	(9.354)	(9.728)	(9.537)	(9.914)
Big 4$_{it}$	0.002	0.007	0.000	0.005
	(0.103)	(0.341)	(0.007)	(0.250)
Abnormal accrual$_{it}$	−0.507***	−0.511***	−0.505***	−0.510***
	(−12.147)	(−12.534)	(−12.125)	(−12.511)
Overconfidence$_{it}$	−0.002**	−0.003**	−0.002**	−0.003**
	(−2.263)	(−2.481)	(−2.231)	(−2.448)
Compensation$_{it}$	−0.044***	−0.042***	−0.045***	−0.043***
	(−4.452)	(−4.402)	(−4.562)	(−4.506)
Top shareholder$_{it}$	−0.173***	−0.169***	−0.174***	−0.169***
	(−5.707)	(−5.680)	(−5.711)	(−5.690)
Institutional ownership$_{it}$	−0.149**	−0.140**	−0.181***	−0.169***
	(−2.278)	(−2.219)	(−2.767)	(−2.684)
Constant	0.977***	0.976***	0.977***	0.976***
	(6.520)	(6.717)	(6.495)	(6.698)
行业固定效应	Yes	Yes	Yes	Yes
年度固定效应	Yes	Yes	Yes	Yes
观测值	16 973	16 973	16 973	16 973
R^2	0.178	0.191	0.177	0.191

注：***、**、*分别表示在1%、5%、10%统计水平上显著；对所有连续变量进行了上下1百分位的缩尾处理；括号内为t值，标准误经过公司层面的聚类调整；变量定义见表7-2。

7.5 稳健性检验

为了增强上述研究结论的稳健性，作者进行了如下稳健性检验：第一，采用公司固定效应模型剔除公司层面不可观测时不变影响因素对结果的干扰；第二，重新界定明星分析师；第三，替换分析师关注的衡量指标；第四，对制造业除外的其他行业也细分至三位代码重新进行回归；第五，变更样本选择，包括剔除不合理业绩归因为负的观测值，以及没有分析师关注的样本，下面逐一详细介绍。

7.5.1 公司固定效应模型

这一部分，作者通过公司固定效应模型排除不可观测的不随时间变化的公司层面因素对上述结论的影响，尽管公司层面的因变量或自变量时间序列变化相对小可能会大大降低公司固定效应模型的检验效率（Zhou，2001）。

表7-7报告了公司固定效应模型的回归结果。Panel A和Panel B报告了明星分析师关注与否（Star analyst_Dummy$_{it}$）对分析师关注与不合理业绩归因两者关系的作用结果，因变量分别是Implausible attribution_Word$_{it}$和Implausible attribution_Sent$_{it}$。Panel C和Panel D报告了明星分析师关注比例（Star analyst_Ratio$_{it}$）对分析师关注与不合理业绩归因两者关系的作用结果，因变量分别是Implausible attribution_Word$_{it}$和Implausible attribution_Sent$_{it}$。

表7-7　　稳健性检验1：采用公司固定效应模型

变量	Panel A	Panel B	Panel C	Panel D
	Implausible attribution_Word$_{it}$	Implausible attribution_Sent$_{it}$	Implausible attribution_Word$_{it}$	Implausible attribution_Sent$_{it}$
Analyst coverage$_{it}$	-0.026***	-0.027***	-0.044***	-0.044***
	(-3.827)	(-4.162)	(-7.534)	(-7.744)
Star analyst_Dummy$_{it}$	-0.022**	-0.021**		
	(-2.056)	(-2.023)		

续表

变量	Panel A	Panel B	Panel C	Panel D
	Implausible attribution_Word$_{it}$	Implausible attribution_Sent$_{it}$	Implausible attribution_Word$_{it}$	Implausible attribution_Sent$_{it}$
Analyst coverage$_{it}$* Star analyst_Dummy$_{it}$	-0.040^{***}	-0.037^{***}		
	(−4.484)	(−4.219)		
Star analyst_Ratio$_{it}$			-0.065^{***}	-0.061^{***}
			(−3.233)	(−3.147)
Analyst coverage$_{it}$* Star analyst_Ratio$_{it}$			-0.072^{***}	-0.066^{***}
			(−3.549)	(−3.340)
Firm size$_{it}$	-0.034^{***}	-0.035^{***}	-0.032^{***}	-0.034^{***}
	(−2.981)	(−3.206)	(−2.817)	(−3.050)
Leverage$_{it}$	0.531^{***}	0.528^{***}	0.533^{***}	0.530^{***}
	(10.316)	(10.495)	(10.334)	(10.510)
Industry concentration$_{it}$	−0.037	−0.067	−0.039	−0.069
	(−0.407)	(−0.769)	(−0.426)	(−0.786)
Book-to-market$_{it}$	0.458^{***}	0.444^{***}	0.464^{***}	0.449^{***}
	(7.882)	(7.893)	(7.944)	(7.954)
Big 4$_{it}$	0.076^{**}	0.068^{**}	0.078^{**}	0.070^{**}
	(2.073)	(1.967)	(2.120)	(2.017)
Abnormal accrual$_{it}$	-0.486^{***}	-0.489^{***}	-0.488^{***}	-0.490^{***}
	(−10.858)	(−11.260)	(−10.890)	(−11.288)
Overconfidence$_{it}$	−0.001	−0.002	−0.001	−0.002
	(−0.873)	(−1.301)	(−0.819)	(−1.245)
Compensation$_{it}$	-0.066^{***}	-0.064^{***}	-0.069^{***}	-0.067^{***}
	(−4.309)	(−4.398)	(−4.500)	(−4.583)

续表

变量	Panel A	Panel B	Panel C	Panel D
	Implausible attribution_Word$_{it}$	Implausible attribution_Sent$_{it}$	Implausible attribution_Word$_{it}$	Implausible attribution_Sent$_{it}$
Top shareholder$_{it}$	-0.394***	-0.390***	-0.395***	-0.392***
	(-6.001)	(-6.056)	(-6.016)	(-6.070)
Institutional ownership$_{it}$	-0.192**	-0.175**	-0.227***	-0.207***
	(-2.540)	(-2.412)	(-3.009)	(-2.863)
Constant	1.828***	1.857***	1.813***	1.843***
	(6.611)	(7.014)	(6.536)	(6.942)
公司固定效应	Yes	Yes	Yes	Yes
年度固定效应	Yes	Yes	Yes	Yes
观测值	16 973	16 973	16 973	16 973
R^2	0.119	0.130	0.118	0.130

注：***、**、*分别表示在1%、5%、10%统计水平上显著；对所有连续变量进行了上下1百分位的缩尾处理；括号内为t值，标准误经过公司层面的聚类调整；变量定义见表7-2。

结果可见，Analyst coverage$_{it}$*Star analyst_Dummy$_{it}$与Analyst coverage$_{it}$*Star analyst_Ratio$_{it}$的系数都显著为负，与上文回归结果一致。这意味着，上文结果并非由不可观测的不随时间变化的公司层面因素所导致，明星分析师加强了分析师关注对上市公司不合理业绩归因的监督作用，本章研究结论稳健。

7.5.2 重新界定明星分析师

这一部分通过限行业排名前三重新界定明星分析师。同上文，本书分别设置了虚拟变量和连续变量。如果跟踪该上市公司分析师当中存在排名行业前三的分析师，Analyst_Rank_Dummy取值为1，否则取值为0。Analyst_Rank_Ratio等于跟踪该上市公司的行业排名前三的分析师人数除以跟踪该上市公司所有分析师人数。

表7-8报告了重新界定明星分析师后的回归结果。Panel A和Panel B报告了排名行业前三的分析师关注与否（$Analyst\_Rank\_Dummy_{it}$）对分析师关注与不合理业绩归因两者关系的作用结果，因变量分别是Implausible $attribution_Word_{it}$和Implausible $attribution\_Sent_{it}$。Panel C和Panel D报告了排名行业前三的分析师关注比例（$Analyst\_Rank\_Ratio_{it}$）对分析师关注与不合理业绩归因两者关系的作用结果，因变量分别是Implausible $attribution_Word_{it}$和Implausible $attribution\_Sent_{it}$。结果可见，Analyst $coverage_{it}$*$Analyst_Rank_Dummy_{it}$与Analyst $coverage_{it}$*$Analyst_Rank_Ratio_{it}$的系数都显著为负，与上文回归结果一致。

表7-8　　稳健性检验2：重新界定明星分析师

变量	Panel A	Panel B	Panel C	Panel D
	Implausible $attribution\_Word_{it}$	Implausible $attribution\_Sent_{it}$	Implausible $attribution\_Word_{it}$	Implausible $attribution\_Sent_{it}$
Analyst $coverage_{it}$	-0.056^{***}	-0.057^{***}	-0.075^{***}	-0.075^{***}
	(-9.984)	(-10.389)	(-15.832)	(-16.176)
$Analyst\_Rank\_Dummy_{it}$	0.003	-0.002		
	(0.256)	(-0.157)		
Analyst $coverage_{it}$*	-0.045^{***}	-0.041^{***}		
$Analyst\_Rank\_Dummy_{it}$	(-4.630)	(-4.361)		
$Analyst\_Rank\_Ratio_{it}$			-0.024	-0.030
			(-1.055)	(-1.371)
Analyst $coverage_{it}$*			-0.121^{***}	-0.110^{***}
$Analyst\_Rank\_Ratio_{it}$			(-3.901)	(-3.609)
Firm $size_{it}$	-0.003	-0.004	-0.004	-0.005
	(-0.446)	(-0.609)	(-0.641)	(-0.796)
$Leverage_{it}$	0.465^{***}	0.470^{***}	0.476^{***}	0.480^{***}
	(13.981)	(14.367)	(14.260)	(14.647)
Industry $concentration_{it}$	-0.167	-0.216^{*}	-0.164	-0.214^{*}
	(-1.450)	(-1.932)	(-1.418)	(-1.901)

续表

变量	Panel A	Panel B	Panel C	Panel D
	Implausible attribution_Word$_{it}$	Implausible attribution_Sent$_{it}$	Implausible attribution_Word$_{it}$	Implausible attribution_Sent$_{it}$
Book-to-market$_{it}$	0.368***	0.371***	0.386***	0.387***
	(9.005)	(9.400)	(9.420)	(9.809)
Big 4$_{it}$	0.003	0.007	-0.001	0.004
	(0.132)	(0.366)	(-0.054)	(0.184)
Abnormal accrual$_{it}$	-0.509***	-0.514***	-0.507***	-0.512***
	(-12.232)	(-12.608)	(-12.173)	(-12.555)
Overconfidence$_{it}$	-0.002**	-0.003**	-0.002**	-0.003**
	(-2.144)	(-2.374)	(-2.205)	(-2.427)
Compensation$_{it}$	-0.045***	-0.043***	-0.045***	-0.043***
	(-4.570)	(-4.511)	(-4.590)	(-4.531)
Top shareholder$_{it}$	-0.174***	-0.170***	-0.173***	-0.169***
	(-5.735)	(-5.702)	(-5.691)	(-5.664)
Institutional ownership$_{it}$	-0.157**	-0.147**	-0.186***	-0.175***
	(-2.398)	(-2.322)	(-2.847)	(-2.769)
Constant	0.963***	0.963***	0.978***	0.976***
	(6.425)	(6.624)	(6.510)	(6.700)
行业固定效应	Yes	Yes	Yes	Yes
年度固定效应	Yes	Yes	Yes	Yes
观测值	16 973	16 973	16 973	16 973
R^2	0.177	0.191	0.177	0.190

注：***、**、*分别表示在1%、5%、10%统计水平上显著；对所有连续变量进行了上下1百分位的缩尾处理；括号内为t值，标准误经过公司层面的聚类调整；变量定义见表7-2。

7.5.3 替换分析师关注衡量指标

上文以当年度跟踪分析上市公司的分析师数量加1的自然对数度量了分析师关注。这里作者以当年度关于上市公司的分析师研究报告数量加1的自然对数（Report）度量分析师关注。

表7-9报告了替换分析师关注衡量指标后的回归结果。Panel A和Panel B报告了明星分析师关注与否（Star analyst_Dummy$_{it}$）对分析师关注与不合理业绩归因两者关系的作用结果，因变量分别是Implausible attribution_Word$_{it}$和Implausible attribution_Sent$_{it}$。Panel C和Panel D报告了明星分析师关注比例（Star analyst_Ratio$_{it}$）对分析师关注与不合理业绩归因两者关系的作用结果，因变量分别是Implausible attribution_Word$_{it}$和Implausible attribution_Sent$_{it}$。从结果来看，Report$_{it}$*Star analyst_Dummy$_{it}$与Report$_{it}$*Star analyst_Ratio$_{it}$的系数都显著为负，与上文回归结果一致。

表7-9　　稳健性检验3：替换分析师关注衡量指标

变量	Panel A	Panel B	Panel C	Panel D
	Implausible attribution_Word$_{it}$	Implausible attribution_Sent$_{it}$	Implausible attribution_Word$_{it}$	Implausible attribution_Sent$_{it}$
Report$_{it}$	-0.043***	-0.044***	-0.061***	-0.061***
	(-9.340)	(-9.877)	(-16.036)	(-16.479)
Star analyst_Dummy$_{it}$	-0.016	-0.016		
	(-1.603)	(-1.596)		
Report$_{it}$ * Star analyst_Dummy$_{it}$	-0.040***	-0.038***		
	(-5.916)	(-5.792)		
Star analyst_Ratio$_{it}$			-0.057***	-0.057***
			(-3.036)	(-3.103)

续表

变量	Panel A	Panel B	Panel C	Panel D
	Implausible attribution_Word$_{it}$	Implausible attribution_Sent$_{it}$	Implausible attribution_Word$_{it}$	Implausible attribution_Sent$_{it}$
Report$_{it}$*Star analyst_Ratio$_{it}$			-0.066***	-0.064***
			(-4.373)	(-4.421)
Firm size$_{it}$	-0.003	-0.003	-0.003	-0.004
	(-0.424)	(-0.584)	(-0.528)	(-0.688)
Leverage$_{it}$	0.467***	0.471***	0.475***	0.479***
	(14.084)	(14.450)	(14.274)	(14.653)
Industry concentration$_{it}$	-0.146	-0.196*	-0.146	-0.196*
	(-1.270)	(-1.753)	(-1.269)	(-1.748)
Book-to-market$_{it}$	0.374***	0.375***	0.384***	0.385***
	(9.147)	(9.514)	(9.370)	(9.744)
Big 4$_{it}$	0.003	0.008	0.000	0.005
	(0.141)	(0.384)	(0.009)	(0.253)
Abnormal accrual$_{it}$	-0.505***	-0.509***	-0.503***	-0.508***
	(-12.115)	(-12.501)	(-12.078)	(-12.463)
Overconfidence$_{it}$	-0.002**	-0.003**	-0.002**	-0.003**
	(-2.159)	(-2.377)	(-2.154)	(-2.370)
Compensation$_{it}$	-0.044***	-0.042***	-0.045***	-0.043***
	(-4.472)	(-4.424)	(-4.578)	(-4.525)
Top shareholder$_{it}$	-0.173***	-0.169***	-0.174***	-0.169***
	(-5.726)	(-5.705)	(-5.718)	(-5.700)

续表

变量	Panel A	Panel B	Panel C	Panel D
	Implausible attribution_$Word_{it}$	Implausible attribution_$Sent_{it}$	Implausible attribution_$Word_{it}$	Implausible attribution_$Sent_{it}$
Institutional $ownership_{it}$	-0.131^{**}	-0.122^{*}	-0.168^{***}	-0.157^{**}
	0.943^{***}	0.944^{***}	0.947^{***}	0.947^{***}
Constant	(6.316)	(6.517)	(6.314)	(6.519)
	-0.043^{***}	-0.044^{***}	-0.061^{***}	-0.061^{***}
行业固定效应	Yes	Yes	Yes	Yes
年度固定效应	Yes	Yes	Yes	Yes
观测值	16 973	16 973	16 973	16 973
R^2	0.180	0.193	0.179	0.192

注：***、**、*分别表示在1%、5%、10%统计水平上显著；对所有连续变量进行了上下1百分位的缩尾处理；括号内为t值，标准误经过公司层面的聚类调整；变量定义见表7-2。

7.5.4 变更行业分类方法

上文包括计算不合理业绩归因的回归模型，以及分析师关注与上市公司不合理业绩归因的回归模型中，作者对制造业细分至三位代码（如C13等），而对其他行业控制至一位代码（如A等）。这一部分，作者对制造业除外的其他行业也细分至三位代码，以更加严格地控制行业层面的系统性差异。

表7-10报告了变更行业分类方法后的回归结果。Panel A和Panel B报告了明星分析师关注与否（Star analyst_$Dummy_{it}$）对分析师关注与不合理业绩归因两者关系的作用结果，因变量分别是Implausible attribution_$Word_{it}$和Implausible attribution_$Sent_{it}$。Panel C和Panel D报告了明星分析师关注比例（Star analyst_$Ratio_{it}$）对分析师关注与不合理业绩归因两者关系的作用结果，因变量分别是Implausible attribution_$Word_{it}$和Implausible attribution_$Sent_{it}$。

表7-10 稳健性检验4：变更行业分类方法

变量	Panel A	Panel B	Panel C	Panel D
	Implausible attribution_$Word_{it}$	Implausible attribution_$Sent_{it}$	Implausible attribution_$Word_{it}$	Implausible attribution_$Sent_{it}$
Analyst $coverage_{it}$	-0.052^{***}	-0.055^{***}	-0.074^{***}	-0.074^{***}
	(-8.771)	(-9.426)	(-15.145)	(-15.645)
Star analyst_$Dummy_{it}$	-0.024^{**}	-0.021^{**}		
	(-2.216)	(-2.076)		
Analyst $coverage_{it}$ * Star analyst_$Dummy_{it}$	-0.043^{***}	-0.040^{***}		
	(-4.906)	(-4.709)		
Star analyst_$Ratio_{it}$			-0.070^{***}	-0.067^{***}
			(-3.588)	(-3.515)
Analyst $coverage_{it}$ * Star analyst_$Ratio_{it}$			-0.089^{***}	-0.086^{***}
			(-4.586)	(-4.562)
Firm $size_{it}$	-0.004	-0.004	-0.004	-0.005
	(-0.573)	(-0.669)	(-0.627)	(-0.723)
$Leverage_{it}$	0.473^{***}	0.476^{***}	0.480^{***}	0.483^{***}
	(13.802)	(14.114)	(13.968)	(14.285)
Industry $concentration_{it}$	-0.079	-0.123	-0.080	-0.124
	(-0.627)	(-1.000)	(-0.637)	(-1.004)
Book-to-$market_{it}$	0.350^{***}	0.353^{***}	0.358^{***}	0.361^{***}
	(8.246)	(8.601)	(8.432)	(8.791)
Big 4_{it}	-0.003	0.002	-0.004	0.001
	(-0.124)	(0.106)	(-0.198)	(0.033)
Abnormal $accrual_{it}$	-0.522^{***}	-0.528^{***}	-0.521^{***}	-0.527^{***}
	(-12.085)	(-12.462)	(-12.074)	(-12.449)

续表

变量	Panel A	Panel B	Panel C	Panel D
	Implausible attribution_Word$_{it}$	Implausible attribution_Sent$_{it}$	Implausible attribution_Word$_{it}$	Implausible attribution_Sent$_{it}$
Overconfidence$_{it}$	−0.002*	−0.002*	−0.002*	−0.002*
	(−1.698)	(−1.902)	(−1.667)	(−1.871)
Compensation$_{it}$	−0.046***	−0.044***	−0.048***	−0.046***
	(−4.455)	(−4.383)	(−4.584)	(−4.503)
Top shareholder$_{it}$	−0.186***	−0.179***	−0.187***	−0.179***
	(−5.896)	(−5.786)	(−5.893)	(−5.786)
Institutional ownership$_{it}$	−0.127*	−0.121*	−0.158**	−0.150**
	(−1.860)	(−1.837)	(−2.327)	(−2.281)
Constant	0.959***	0.941***	0.959***	0.941***
	(5.797)	(5.833)	(5.787)	(5.829)
行业固定效应	Yes	Yes	Yes	Yes
年度固定效应	Yes	Yes	Yes	Yes
观测值	16 032	16 032	16 032	16 032
R^2	0.183	0.197	0.183	0.196

注：***、**、*分别表示在1%、5%、10%统计水平上显著；对所有连续变量进行了上下1百分位的缩尾处理；括号内为t值，标准误经过公司层面的聚类调整；变量定义见表7-2。

结果可见，Analyst coverage$_{it}$*Star analyst_Dummy$_{it}$与Analyst coverage$_{it}$*Star analyst_Ratio$_{it}$的系数都显著为负，与上文回归结果一致。这意味着，更加严格地控制行业层面的系统性差异并未改变本章研究结论。

7.5.5 变更样本选择

本章研究样本中不合理业绩归因为负的观测值共2 342个，占总样本的13.80%（2 342/16 973）。上市公司普遍存在自利性业绩归因的倾向并且倾向强烈，因此多少存在不合理业绩归因的情况可能更加符合常理。尽管存在绩优公司如实归因于有利的外部环境，而不过多提及管理者自身决策得当，亦或存在反思和总结管理过失的绩差公司，但是这类上市公司十分罕见。为了排除这类异常样本对结论的可能影响，这一部分作者剔除不合理业绩归因为负的样本重新进行回归。另外，作者还剔除没有分析师关注的公司年度观测值后重新进行了回归。

表7-11报告了因变量为Implausible attribution_$Word_{it}$的回归结果。因变量为Implausible attribution_$Sent_{it}$的结果与此相近，限于篇幅在此不做报告。Panel A和Panel C报告了明星分析师关注与否（Star analyst_$Dummy_{it}$）对分析师关注与不合理业绩归因两者关系的作用结果，其中Panel A剔除了不合理业绩归因为负的样本，Panel C剔除了没有分析师关注的样本。Panel B和Panel D，报告了明星分析师关注比例（Star analyst_$Ratio_{it}$）对分析师关注与不合理业绩归因两者关系的作用结果，其中Panel B剔除了不合理业绩归因为负的样本，Panel D剔除了没有分析师关注的样本。

表7-11 **稳健性检验5：变更样本选择**

变量	Implausible attribution_$Word_{it}$			
	剔除不合理业绩归因为负的样本		剔除没有分析师关注的样本	
	Panel A	Panel B	Panel C	Panel D
Analyst $coverage_{it}$	-0.044***	-0.049***	-0.058***	-0.086***
	(-10.827)	(-14.810)	(-6.538)	(-13.827)
Star analyst_$Dummy_{it}$	-0.016**		-0.038***	
	(-2.178)		(-3.337)	
Analyst $coverage_{it}$*	-0.007		-0.039***	
Star analyst_$Dummy_{it}$	(-1.199)		(-3.631)	
Star analyst_$Ratio_{it}$		-0.039***		-0.106***
		(-2.948)		(-4.017)
Analyst $coverage_{it}$*		-0.018		-0.090***
Star analyst_$Ratio_{it}$		(-1.330)		(-3.638)

续表

变量	Implausible attribution_Word$_{it}$			
	剔除不合理业绩归因为负的样本		剔除没有分析师关注的样本	
	Panel A	Panel B	Panel C	Panel D
Firm size$_{it}$	-0.005	-0.005	-0.009	-0.009
	(-1.158)	(-1.157)	(-1.264)	(-1.329)
Leverage$_{it}$	0.318***	0.319***	0.582***	0.587***
	(13.102)	(13.133)	(14.869)	(14.980)
Industry concentration$_{it}$	-0.139*	-0.138*	-0.221	-0.217
	(-1.711)	(-1.703)	(-1.592)	(-1.559)
Book-to-market$_{it}$	0.106***	0.107***	0.478***	0.479***
	(3.555)	(3.593)	(9.685)	(9.677)
Big 4$_{it}$	0.012	0.011	0.003	0.003
	(0.885)	(0.847)	(0.163)	(0.160)
Abnormal accrual$_{it}$	-0.447***	-0.448***	-0.401***	-0.400***
	(-14.317)	(-14.343)	(-7.868)	(-7.871)
Overconfidence$_{it}$	-0.001	-0.001	-0.002*	-0.002*
	(-0.984)	(-0.949)	(-1.857)	(-1.812)
Compensation$_{it}$	-0.038***	-0.039***	-0.047***	-0.048***
	(-5.503)	(-5.555)	(-4.078)	(-4.164)
Top shareholder$_{it}$	-0.119***	-0.119***	-0.177***	-0.179***
	(-5.562)	(-5.580)	(-5.078)	(-5.109)
Institutional ownership$_{it}$	-0.130***	-0.137***	-0.178***	-0.194***
	(-2.788)	(-2.948)	(-2.637)	(-2.882)
Constant	1.188***	1.182***	1.083***	1.069***
	(10.996)	(10.937)	(6.067)	(5.991)
行业固定效应	Yes	Yes	Yes	Yes
年度固定效应	Yes	Yes	Yes	Yes
观测值	14 631	14 631	12 169	12 169
R^2	0.178	0.178	0.182	0.182

注：***、**、*分别表示在1%、5%、10%统计水平上显著；对所有连续变量进行了上下1百分位的缩尾处理；括号内为t值，标准误经过公司层面的聚类调整；变量定义见表7-2。

结果显示，Analyst $coverage_{it}$*Star analyst_$Dummy_{it}$ 与 Analyst $coverage_{it}$*Star analyst_$Ratio_{it}$的系数都为负，而且 Analyst $coverage_{it}$*Star analyst_$Ratio_{it}$的系数显著，与上文回归结果一致。这意味着，本章结论并非特定样本导致的结果。

7.6 本章小结

分析师的能力和市场影响力是分析师关注抑制管理层不合理业绩归因的重要条件。一方面，分析师的能力越高，判别公司业绩成因的能力越高，越有可能识别上市公司不合理业绩归因行为；另一方面，分析师的市场影响力越大，其负面评价所引起的投资者反应越大，对上市公司声誉打击越大。

作者以2007年至2019年A股非金融上市公司为样本，通过《新财富》杂志公布的“最佳分析师”代表分析师能力和市场影响力，实证检验了明星分析师对分析师关注与上市公司不合理业绩归因之间关系的影响。实证结果表明，明星分析师加强了分析师关注对上市公司不合理业绩归因的抑制作用。

本章研究从明星分析师角度，揭示了分析师关注对上市公司行为的作用差异。这不仅补充了分析师外部治理机制的作用条件，而且有助于全面而且客观评价明星分析师评选机制的有效性。同时，本章研究结论丰富了归因理论中利己主义偏向限制条件相关的知识。

8 媒体报道、分析师关注与上市公司不合理业绩归因

为了便于分析，本书第5章研究分析师关注对上市公司不合理业绩归因的影响时，作者隐含性地假定了：第一，不同上市公司对不合理业绩归因收益和成本的估计相同；第二，不同分析师对上市公司行为的影响相同；第三，分析师除外其他上市公司外部治理环境相同。第6章作者放宽第一个假定，检验了分析师关注对绩优和绩差公司不合理业绩归因的作用差异。第7章作者放宽第二个假定，检验了明星分析师与非明星分析师关注对上市公司不合理业绩归因的作用差异。本章作者放宽第三个假定，实证检验媒体报道对分析师关注与上市公司不合理业绩归因之间关系的影响，从而丰富和加强本书的研究结论。

8.1 引言

关于媒体的外部治理机制，国外研究普遍持有肯定的态度（Dyck and Zingales，2004；Meller，2006；Dyck et al.，2008；Joe et al.，

2009）。尽管我国媒体最初的定位是为政治服务，但是随着经济体制的深入改革，媒体逐渐体现出社会属性和经济属性，不乏对社会问题的尖锐评判和大胆揭露。针对我国媒体的外部治理机制，已有研究发现媒体关注提高了证监会介入调查公司的概率，提高了公司修正不当行为的可能性（醋卫华和李培功，2012；李培功和沈艺峰，2010），降低了公司盈余信息操纵（孔东民等，2013；权小锋和吴世农，2012），遏制了公司财务重述行为（戴亦一等，2011），抑制了公司税收激进度（刘笑霞和李明辉，2018），抑制了公司高管薪酬乱象（杨德明和赵璨，2012），并且修正完善了公司薪酬契约（李培功和沈艺峰，2013）。

同分析师外部治理机制，媒体作为信息生产者拥有具备专业教育背景和工作经验的财经记者，这些财经记者了解上市公司经营的外部环境和内部情况（Dyck et al.，2010）。同时，媒体也热衷于曝光上市公司和管理层的丑闻（杨德明，2010；醋卫华和李培功，2012）。因此上市公司不合理业绩归因被媒体发现并报道的可能性非常高。另外，媒体作为信息传播者可以加快信息流动，引起投资者的注意（Bushee et al.，2010；Baber and Odean，2008）。综合而言，媒体通过揭露问题和传播信息可以扩散声誉信息，使之成为信息显示机制。因此通过影响上市公司未来声誉风险可以规范不当行为（Kreps and Wilson，1982）。良好的声誉无论是对上市公司还是对管理者而言，都是可以实现收益的重要无形资产。相应地，声誉受损的代价也是巨大的。管理层一旦因为不合理业绩归因被贴上不诚信的标签，对其职业和生活都是沉重的打击。

可见，媒体和分析师的外部治理角色相近。那么媒体报道是替代分析师关注，抑制上市公司不合理业绩归因，还是补充分析师关注，加剧上市公司不合理业绩归因？本章基于业绩归因信息，旨在揭示媒体与分析师的相互作用。作者以2007年至2019年A股非金融上市公司为样本，研究发现媒体报道与分析师关注相互补充，媒体报道加强了分析师关注对上市公司不合理业绩归因的抑制作用。

本章研究贡献包括三个方面：

首先，丰富了媒体外部治理方面的文献。现有文献基于内部治理（Dyck et al.，2008；Liu and McConnell，2013；李培功和沈艺峰，2010；

Nguyen，2015）、财务信息（戴亦一等，2011；权小锋和吴世农，2012）、高管薪酬（杨德明和赵璨，2012；李培功和沈艺峰，2013）、避税行为（田高良等，2016；刘笑霞和李明辉，2018）、投资效率（Zhang and Su，2015）等角度探讨了媒体报道的外部治理机制，尚无文献研究媒体报道对上市公司文本信息披露的影响。作者从业绩归因信息角度，弥补了现有文献的上述不足。

其次，补充了媒体与分析师之间相互作用方面的研究。尽管大量研究探讨了分析师关注以及媒体报道对上市公司行为的影响，但是鲜有文献研究两者的相互作用。少有的两篇相关文献研究结论还不一致。于忠泊等（2011）从盈余管理角度，研究发现媒体关注向管理层施加压力，迫使管理层进行盈余管理来满足市场预期，并且该影响在分析师关注多的上市公司更加明显。相反，刘笑霞和李明辉（2018）从公司避税行为角度，研究发现媒体报道和分析师关注抑制了公司税收激进度，并且两者之间相互补充。本章研究结果与刘笑霞和李明辉（2018）的研究结果一致，发现媒体报道加强了分析师关注对上市公司不当行为的抑制作用。但是不同于刘笑霞和李明辉（2018）的研究，作者从上市公司文本信息披露角度，为媒体和分析师外部治理角色的相互作用提供了证据。

最后，完善了上市公司不合理业绩归因外部治理机制的研究框架。媒体和分析师是两个重要的外部治理机制，通过分析两者的相互作用，本章研究深化了对上市公司不合理业绩归因外部治理机制的理解。

8.2　理论分析与假设提出

声誉机制作为保障市场高效运行的基本机制之一可以规范上市公司不当行为（钱颖一，2000；张维迎，2002）。声誉机制的治理作用体现在激励和惩罚两个方面。良好的声誉有助于上市公司实现收益。反之，声誉受损无论对管理层还是对上市公司而言都是沉重的打击。媒体通过揭露问题和传播信息并且加速声誉信息的流动，使之成为信息显示机制，可以提高上市公司不当行为的预期声誉风险（Kreps and Wilson，

1982）。

首先，媒体拥有具备专业教育背景和工作经验的财经记者，这些财经记者有能力发现上市公司的不当行为（Dyck et al.，2010）。同时，媒体也热衷于曝光上市公司和管理层的丑闻（杨德明，2010；醋卫华和李培功，2012）。其次，媒体通过广泛的信息传播可以拓宽投资者的认知范围（Merton，1987）。最后，投资者情绪极大地受到媒体报道的影响，投资者预期形成过程中媒体扮演者重要角色（Chen，2009；Tetlock，2007，2011）。

就上市公司不合理业绩归因而言，作者认为媒体报道和分析师关注相互补充。也就是说，媒体报道可以加强分析师关注对上市公司不合理业绩归因的抑制作用。一方面，媒体时常引用分析师的观点进行报道，可以强化分析师对投资者决策的影响（Chen and Lin，2017）。另一方面，媒体关注通过提高上市公司信息环境可以为分析师提供增量信息。胡奕明等（2003）发现，相比于私人信息渠道，分析师更加依赖媒体报道。另外已有研究发现，媒体报道不仅可以提高分析师的预测准确度（周开国等，2014；娄祝坤和张博慧，2019），而且可以降低分析师的乐观预测和预测偏差（谭松涛等，2015）。

基于以上研究结论，作者认为媒体报道有助于分析师发现上市公司不合理业绩归因，并且可以放大分析师对上市公司的消极评价。因此来自媒体和分析师的双重关注对管理层不合理业绩归因的震慑作用最大。据此，作者提出如下研究假设：

H8-1：媒体报道越多，分析师关注与上市公司不合理业绩归因之间的负相关关系越强。

8.3 研究设计

8.3.1 关键变量定义

（1）不合理业绩归因（Implausible attribution）

考虑到尚无文献直接度量不合理业绩归因，前面章节作者基于归因理论构建了上市公司不合理业绩归因的度量方法，并且通过机器学习算法取得的大样本，从经济后果角度检验了该度量方法的有效性。这里不再详细陈述，只做简单介绍。

归因理论认为，观察者（外部信息使用者）通过对比活动者（上市公司管理层）与其他个体（同行业其他上市公司）行为结果的一致性评估活动者的归因合理性。同一环境条件下结果越相似，表示环境因素对结果起的作用越大。与归因理论相一致，Kimbrough和Wang（2014）通过考察上市公司自利性业绩归因的投资者反应，发现投资者根据上市公司与同行业其他上市公司的盈余同步性来识别自利性业绩归因合理与否。

基于此，作者结合可操控应计利润和非效率投资的计算模型构建了不合理业绩归因的度量方法。具体而言，通过分行业和年度回归自利性业绩归因（Self-serving attribution）与业绩（ROA）以及业绩变化（Sales growth）（模型（8.1）），把残差（ε）即偏离行业年度正常水平的上市公司自利性业绩归因认定为不合理业绩归因（Implausible attribution）。

$$\text{Self-serving attribution}_{it} = \beta_0 + \beta_1 ROA_{it} + \beta_2 \text{Sales growth}_{it} + \varepsilon_{it} \tag{8.1}$$

其中，下标i表示上市公司，下标t表示年度。自利性业绩归因（Self-serving attribution）的计算过程具体如下：首先，根据作者总结的归因词汇表，从年报“管理层讨论与分析”中摘出业绩归因语句；其次，参照已有研究（Salancik and Meindl，1984；Aerts，2005；Keusch et al.，2012；Aerts and Cheng，2011；Kimbrough and Wang，2014），根据业绩变动的方向（上升或下降）和归因的部位（内部归因或外部归因），将业绩归因语句划分为4个类别（详见表8-1），并计算各类别对应字数（含标点符号）和语句数（以逗号切分）；最后，为了消除不同上市公司年报语言风格的影响，参考孙蔓莉（2012）的方法，采用相对值度量自利性业绩归因。Self-serving attribution=（PI+NE-PE-NI）/（PI+NE+PE+NI），IP是指把绩优归因于内部因素，EN是指把绩差归因于外部因素，EP是指把绩优归因于外部因素，IN是指把绩差归因于内部因素，该值越大表示上市公司自利性业绩归因倾向越强。

表8-1 **业绩归因参数定义**

		归因（Attribution）	
		内因（Internal）	外因（External）
业绩（Performance）	绩优（Positive）	PI：绩优归于内因（Positive，Internal）	PE：绩优归于外因（Positive，External）
	绩差（Negative）	NI：绩差归于内因（Negative，Internal）	NE：绩差归于外因（Negative，External）
自利性业绩归因：PI-PE+NE-NI			

另外，为了克服以往自利性业绩归因相关研究样本量偏少的局限性，作者引入机器学习算法浅层网络（FastText）取得大样本进行分析，从而增强研究结果的稳健性。首先，抽取2 000份上市公司年报，按照上述方法进行了人工标注，每一项归因的判断和赋值分别由两人独立进行，而后对比结果。存在意见分歧时由第三人加入讨论后再行判断，以最大程度上避免衡量误差。其次，通过机器学习算法浅层网络对人工标注的训练集进行运算，得到最优文本分类模型。最后，使用该模型对样本期间所有上市公司年报“管理层讨论与分析”中的文本进行分类，得到每一份报告业绩归因不同参数（PI/PE/NI/NE）对应的字数和语句数。准确度检验结果显示，通过机器学习算法浅层网络提取业绩归因段落的准确度达到93.51%，判断归因类别的准确度达到87.36%。这说明通过机器学习算法浅层网络计算自利性业绩归因的结果可靠（Deng et al., 2018）。

业绩（ROA）采用总资产收益率度量，具体等于净利润与年末总资产的比率；业绩变化（Sales growth）以营业收入增长率度量，具体等于该年度与上年度营业收入的比率再减1。此外，行业作者采用了2012年中国证监会行业分类标准，并对制造业取了三位代码细分，同时剔除了行业和年度内上市公司少于10个的观测值。

（2）分析师关注（Analyst coverage）

借鉴已有研究，分析师关注以当年度跟踪分析上市公司的分析师数量加1的自然对数度量（Yu，2008；李春涛等，2014）。

(3) 媒体报道 (Media coverage)

借鉴周开国等 (2014) 的研究，作者以当年度关于上市公司网络财经新闻条数加1的自然对数度量媒体关注。现如今报刊新闻的普及程度远不如网络新闻，并且报刊新闻的时效性也不及网络新闻，报刊财经新闻难以全面度量上市公司媒体关注度。采用网络财经新闻度量媒体报道更加契合本章研究内容。

8.3.2 模型设定

回归模型 (8.2) 用于检验研究假设，即媒体报道、分析师关注与上市公司不合理业绩归因之间的关系。

$$
\begin{aligned}
\text{Implausible attribution}_{it} = {} & \beta_0 + \beta_1 \text{Analyst coverage}_{it} + \beta_2 \text{Media coverage}_{it} + \\
& \beta_3 \text{Analyst coverage}_{it} * \text{Media coverage}_{it} + \beta_4 \text{Firm size}_{it} + \\
& \beta_5 \text{Leverage}_{it} + \beta_6 \text{Industry concentration}_{it} + \beta_7 \text{Book-to-} \\
& \text{market}_{it} + \beta_8 \text{Big 4}_{it} + \beta_9 \text{Abnormal accruals}_{it} + \\
& \beta_{10} \text{Overconfidence}_{it} + \beta_{11} \text{Compensation}_{it} + \\
& \beta_{12} \text{Top shareholder}_{it} + \beta_{13} \text{Institutional ownership}_{it} + \\
& \text{Industry fixed effects} + \text{Year fixed effects} + \varepsilon_{it} \qquad (8.2)
\end{aligned}
$$

其中，下标i表示上市公司，下标t表示年度。根据本章研究假设，$\text{Analyst coverage}_{it} * \text{Media coverage}_{it}$的系数 ($\beta_3$) 应该显著为负，即媒体报道越多，分析师关注与上市公司不合理业绩归因之间的负相关关系越强。

同前面章节，确定了如下控制变量。①Firm size，代表公司规模，以年末总资产的自然对数来度量。②Leverage，代表负债水平，以年末总负债与总资产的比率来度量。③Industry concentration，代表行业集中度，以赫芬达尔-赫希曼指数 (HHI) 来度量，具体等于各上市公司营业收入除以所处行业所有上市公司营业收入的平方之和，该值越大表示行业集中程度越高，竞争程度越低。④Book-to-market，代表账面市值比，以上市公司所有者权益的账面价值与市值的比率来度量。⑤Big 4，代表审计机构是否是四大会计师事务所，如果审计机构是四大会计师事务所，包括普华永道 (PwC)、德勤 (DTT)、毕马威 (KPMG)、安永

(EY)，该值取1，否则取0。⑥Abnormal accruals，代表异常应计利润，通过分行业和年度回归修正的Jones模型计算得出，其回归过程仅保留了同行业和年度内上市公司不少于10个的观测值。⑦Overconfidence，代表管理层过度自信，以薪酬排名前三的高管平均薪酬与员工平均薪酬的比率来度量。⑧Compensation，代表管理层薪酬，以薪酬排名前三的高管薪酬的自然对数来度量。⑨Top shareholder，代表第一大股东持股比例，以第一大股东持股数量与总股数的比率来度量。⑩Institutional ownership，代表机构持股比例，以机构投资者持股数量与总股数的比率来度量。

最后，作者采用行业和年度固定效应模型控制了上市公司不合理业绩归因在行业和时间层面上的系统性差异，其中行业采用了2012年中国证监会行业分类标准，并对制造业取了三位代码细分。为了排除异常值的影响，作者对所有连续变量进行了上下1%的缩尾处理。具体变量定义如表8-2所示。

表8-2 **变量定义**

变量名称	变量符号	变量说明
自利性业绩归因	Self-serving attribution_Word	i上市公司t年度年报“管理层讨论与分析”中，自利性业绩归因字数减去非自利性业绩归因字数，具体而言，等于（PI+NE-PE-NI）/（PI+NE+PE+NI），其中IP是指将绩优归因于内部因素，EN是指将绩差归因于外部因素，EP是指将绩优归因于外部因素，IN是指将绩差归因于内部因素
	Self-serving attribution_Sent	i上市公司t年度年报“管理层讨论与分析”中，自利性业绩归因语句数减去非自利性业绩归因语句数，具体而言，等于（PI+NE-PE-NI）/（PI+NE+PE+NI），其中IP是指将绩优归因于内部因素，EN是指将绩差归因于外部因素，EP是指将绩优归因于外部因素，IN是指将绩差归因于内部因素

续表

变量名称	变量符号	变量说明
总资产收益率	ROA	i上市公司t年度净利润与年末总资产的比率
营业收入增长率	Sales growth	i上市公司t年度与上年度营业收入的比率再减1
不合理业绩归因	Implausible attribution_Word	首先，分行业和年度回归以下模型估计各项系数，$Self\text{-}serving\ attribution\_Word_{it}=\beta_0+\beta_1\ ROA_{it}+\beta_2\ Sales\ Growth_{it}+\varepsilon_{it}$；其次，根据估计的各项系数计算上市公司合理业绩归因；最后，自利性业绩归因减去合理业绩归因，得到不合理业绩归因
	Implausible attribution_Sent	首先，分行业和年度回归以下模型估计各项系数，$Self\text{-}serving\ attribution\_Sent_{it}=\beta_0+\beta_1\ ROA_{it}+\beta_2\ Sales\ Growth_{it}+\varepsilon_{it}$；其次，根据估计的各项系数计算上市公司合理业绩归因；最后，自利性业绩归因减去合理业绩归因，得到不合理业绩归因
分析师关注	$Analyst\ coverage_{it}$	t年度跟踪i上市公司分析师数量加1的自然对数
媒体报道	$Media\ coverage_{it}$	t年度关于i上市公司网络财经新闻条数加1的自然对数
公司规模	$Firm\ size_{it}$	i上市公司t年度年末总资产的自然对数
负债水平	$Leverage_{it}$	i上市公司t年度年末总负债与总资产的比率
行业集中度	$Industry\ concentration_{it}$	i上市公司所处行业t年度赫芬达尔-赫希曼指数（HHI），具体等于各上市公司营业收入除以所处行业所有上市公司营业收入的平方之和

续表

变量名称	变量符号	变量说明
账面市值比	$Book\text{-}to\text{-}market_{it}$	i上市公司t年度所有者权益的账面价值与市值的比率
四大会计师事务所	$Big\ 4_{it}$	如果i上市公司t年度由四大会计师事务所审计，包括普华永道（PwC）、德勤（DTT）、毕马威（KPMG）、安永（EY），则取1，否则取0
异常应计利润	$Abnormal\ accrual_{it}$	通过修正的Jones模型估计的i上市公司t年度异常应计利润
管理层过度自信	$Overconfidence_{it}$	i上市公司t年度薪酬排名前三的高管平均薪酬与员工平均薪酬的比率
管理者薪酬	$Compensation_{it}$	i上市公司t年度薪酬排名前三的高管薪酬的自然对数
第一大股东持股比例	$Top\ shareholder_{it}$	i上市公司t年度第一大股东持股数量与总股数的比率
机构持股比例	$Institutional\ ownership_{it}$	i上市公司t年度机构投资者持股数量与总股数的比率
行业	Industry	行业虚拟变量，行业分类标准采用2012年中国证监会行业分类标准，并对制造业取三位代码细分
年度	Year	年度虚拟变量

8.3.3 数据来源与样本选择

本书以2007年至2019年A股非金融上市公司作为初始研究样本，剔除变量缺失值后，最终剩余共16 973个公司年度观测值。上市公司年报“管理层讨论与分析”文本、媒体报道、高管以及员工薪酬数据来源于中国研究数据服务平台（CNRDS）。其他上市公司数据均来自国泰安金融经济研究数据库（CSMAR）。

表8-3报告了样本行业分布结果。从行业分布来看，制造业（行业代码“C”）上市公司占大多数，比例达到66.05%，住宿与餐饮业（行业代码“H”）上市公司占比最低，为总样本的0.05%。这与整体上市公司行业分布情况一致。为了缓解样本在制造业的聚类现象，作者对制造业取了三位代码以进一步细分，从而更加精确地控制行业层面的系统性差异。

表8-3　**样本行业分布**

行业（行业代码）	观测值	比例
农、林、牧、渔业（A）	305	1.80%
采矿业（B）	482	2.84%
制造业（C）	11 211	66.05%
电力、热力、燃气及水生产和供应业（D）	722	4.25%
建筑业（E）	497	2.93%
批发和零售业（F）	1 130	6.66%
交通运输、仓储和邮政业（G）	613	3.61%
住宿与餐饮业（H）	8	0.05%
信息传输、软件和信息技术服务业（I）	549	3.23%
房地产业（K）	705	4.15%
租赁和商务服务业（L）	169	1.00%
科学研究和技术服务业（M）	42	0.25%
水利、环境和公共设施管理业（N）	124	0.73%
文化、体育和娱乐业（R）	118	0.70%
综合（S）	298	1.75%
Total	16 973	100%

表8-4报告了样本年度分布结果。从时间序列上来看，样本量呈现逐年增加的趋势，与我国资本市场不断发展壮大的实际情况相符。

表8-4 样本年度分布

年度	观测值	比例
2007	716	4.22%
2008	1 019	6.00%
2009	857	5.05%
2010	1 026	6.04%
2011	1 347	7.94%
2012	1 263	7.44%
2013	1 348	7.94%
2014	1 329	7.83%
2015	1 400	8.25%
2016	1 481	8.73%
2017	1 808	10.65%
2018	1 631	9.61%
2019	1 748	10.30%
Total	16 973	100%

8.4 实证结果与分析

8.4.1 描述性统计

表 8-5 报告了变量描述性统计结果。从结果来看，媒体报道（$Media\ coverage_{it}$）的均值和标准差分别为4.925和1.105。这表明平均而言一家上市公司一年有274条相关网络财经新闻，同时不同上市公司媒体关注呈现出明显差异。其余变量的描述性统计结果与前面章节一致，这里不再赘述。总而言之，控制变量的描述性统计结果与已有研究结果相近。

表8-5 **变量描述性统计**

变量	观测值	均值	标准差	中位数	最小值	最大值
Implausible attribution_Word$_{it}$	16 973	0.515	0.468	0.600	−0.951	1.572
Implausible attribution_Sent$_{it}$	16 973	0.519	0.456	0.593	−0.885	1.575
Analyst coverage$_{it}$	16 973	1.397	1.156	1.386	0.000	3.714
Media coverage$_{it}$	16 973	4.925	1.105	4.956	2.079	7.752
Firm size$_{it}$	16 973	22.147	1.268	22.016	19.481	25.931
Leverage$_{it}$	16 973	0.469	0.209	0.469	0.065	0.985
Industry concentration$_{it}$	16 973	0.091	0.081	0.065	0.015	0.386
Book-to-market$_{it}$	16 973	0.281	0.148	0.259	0.003	0.750
Big 4$_{it}$	16 973	0.052	0.222	0.000	0.000	1.000
Abnormal accrual$_{it}$	16 973	0.017	0.100	0.016	−0.340	0.360
Overconfidence$_{it}$	16 973	6.725	5.452	5.120	0.606	33.214
Compensation$_{it}$	16 973	14.173	0.754	14.187	12.210	16.098
Top shareholder$_{it}$	16 973	0.355	0.152	0.337	0.087	0.750
Institutional ownership$_{it}$	16 973	0.061	0.073	0.034	0.000	0.351

注：对所有连续变量进行了上下1百分位的缩尾处理；变量定义见表6-2。

8.4.2 多元回归结果

表8-6报告了媒体报道、分析师关注与上市公司不合理业绩归因的回归结果。Panel A和Panel B的因变量分别是Implausible attribution_Word$_{it}$和Implausible attribution_Sent$_{it}$。两者结果相近，以下以Panel A为例进行分析。从结果来看，Analyst coverage$_{it}$*Media coverage$_{it}$的估计系数显著为负（估计系数=-0.011，t=-3.337）。该结果支持本章研究假设，即媒体报道加强了分析师关注对上市公司不合理业绩归因的抑制作用，表明媒体和分析师外部治理角色相互补充。其他控制变量的回归结果与前面章节内容十分接近，并且基本符合预期，这里不再赘述。

表8-6　媒体报道、分析师关注与上市公司不合理业绩归因

变量	Panel A	Panel B
	$Implausible\ attribution\_Word_{it}$	$Implausible\ attribution\_Sent_{it}$
$Analyst\ coverage_{it}$	-0.019	-0.019
	(-1.104)	(-1.200)
$Media\ coverage_{it}$	0.010	0.012^{*}
	(1.550)	(1.826)
$Analyst\ coverage_{it}$ * $Media\ coverage_{it}$	-0.011^{***}	-0.011^{***}
	(-3.337)	(-3.453)
$Firm\ size_{it}$	-0.000	-0.002
	(-0.053)	(-0.277)
$Leverage_{it}$	0.465^{***}	0.470^{***}
	(13.901)	(14.312)
$Industry\ concentration_{it}$	-0.163	-0.212^{*}
	(-1.406)	(-1.889)
$Book\text{-}to\text{-}market_{it}$	0.370^{***}	0.373^{***}
	(8.718)	(9.127)
$Big\ 4_{it}$	0.007	0.011
	(0.307)	(0.547)
$Abnormal\ accrual_{it}$	-0.511^{***}	-0.515^{***}
	(-12.297)	(-12.677)
$Overconfidence_{it}$	-0.002^{**}	-0.002^{**}
	(-2.018)	(-2.239)
$Compensation_{it}$	-0.046^{***}	-0.044^{***}
	(-4.670)	(-4.621)
$Top\ shareholder_{it}$	-0.175^{***}	-0.171^{***}
	(-5.750)	(-5.707)

续表

变量	Panel A	Panel B
	Implausible attribution_Word$_{it}$	Implausible attribution_Sent$_{it}$
Institutional ownership$_{it}$	-0.199***	-0.188***
	(-3.026)	(-2.958)
Constant	0.968***	0.975***
	(6.422)	(6.659)
行业固定效应	Yes	Yes
年度固定效应	Yes	Yes
观测值	16 973	16 973
R^2	0.177	0.190

注：***、**、*分别表示在1%、5%、10%统计水平上显著；对所有连续变量进行了上下1百分位的缩尾处理；括号内为t值，标准误经过公司层面的聚类调整；变量定义见表8-2。

8.5 稳健性检验

为了增强上述研究结论的稳健性，作者进行了如下稳健性检验：第一，采用公司固定效应模型剔除公司层面不可观测时不变影响因素对结果的干扰；第二，替换关键变量度量指标，包括重新度量媒体关注与分析师关注；第三，对制造业除外的其他行业也细分至三位代码重新回归，下面逐一详细介绍。

8.5.1 公司固定效应模型

这一部分，作者通过公司固定效应模型排除不可观测的不随时间变化的公司层面因素对上述结论的影响。尽管公司层面的因变量或自变量时间序列变化相对小可能会大大降低公司固定效应模型的检验效率（Zhou，2001）。

表8-7报告了公司固定效应模型的回归结果。Panel A和Panel B的因变量分别是Implausible attribution_Word$_{it}$和Implausible attribution_Sent$_{it}$。从结果来看，Analyst coverage$_{it}$*Media coverage$_{it}$的估计系数都显著为负，支持本章研究假设。说明上文结果并非由不可观测的不随时间变化的公司层面因素所导致。

表8-7　**稳健性检验1：采用公司固定效应模型**

变量	Panel A	Panel B
	Implausible attribution_Word$_{it}$	Implausible attribution_Sent$_{it}$
Analyst coverage$_{it}$	0.025	0.022
	(1.231)	(1.093)
Media coverage$_{it}$	0.006	0.007
	(0.727)	(0.894)
Analyst coverage$_{it}$ * Media coverage$_{it}$	−0.014***	−0.013***
	(−3.480)	(−3.447)
Firm size$_{it}$	−0.027**	−0.029***
	(−2.365)	(−2.636)
Leverage$_{it}$	0.518***	0.517***
	(10.025)	(10.236)
Industry concentration$_{it}$	−0.052	−0.082
	(−0.574)	(−0.931)
Book-to-market$_{it}$	0.435***	0.424***
	(7.298)	(7.348)
Big 4$_{it}$	0.080**	0.072**
	(2.190)	(2.089)
Abnormal accrual$_{it}$	−0.489***	−0.491***
	(−10.936)	(−11.332)

续表

变量	Panel A	Panel B
	Implausible attribution_Word$_{it}$	Implausible attribution_Sent$_{it}$
Overconfidence$_{it}$	-0.001	-0.002
	(-0.621)	(-1.041)
Compensation$_{it}$	-0.071***	-0.069***
	(-4.635)	(-4.724)
Top shareholder$_{it}$	-0.412***	-0.407***
	(-6.234)	(-6.264)
Institutional ownership$_{it}$	-0.246***	-0.225***
	(-3.260)	(-3.117)
Constant	1.778***	1.815***
	(6.451)	(6.870)
公司固定效应	Yes	Yes
年度固定效应	Yes	Yes
观测值	16 973	16 973
R^2	0.118	0.130

注：***、**、*分别表示在1%、5%、10%统计水平上显著；对所有连续变量进行了上下1百分位的缩尾处理；括号内为t值，标准误经过公司层面的聚类调整；变量定义见表8-2。

8.5.2 替换关键变量衡量指标

网络财经新闻存在转载现象，尽管新闻转载体现了信息的传播，但是转载的非原创新闻内容上缺乏边际价值，因此不剔除转载新闻有可能会夸大对分析师而言媒体的信息生产者角色。这一部分，作者剔除重复的财经新闻仅保留原创财经新闻来度量媒体关注（Media coverage_Original$_{it}$）。另外，以当年度关于上市公司的分析师研究报告数量加1的自然对数（Report）重新度量分析师关注进行回归。

表8-8报告了重新度量关键变量的回归结果。Panel A至Panel B是重新度量媒体关注的回归结果，因变量分别是Implausible attribution_Word$_{it}$和Implausible attribution_Sent$_{it}$。Panel C和Panel D是替换分析师关注度量指标的回归结果，因变量分别是Implausible attribution_Word$_{it}$和Implausible attribution_Sent$_{it}$。从结果来看，Analyst coverage$_{it}$*Media coverage$_{it}$_Original与Report$_{it}$*Media coverage$_{it}$的系数显著为负，表明本章研究结果稳健。

表8-8 **稳健性检验2：替换关键变量衡量指标**

变量	替换媒体报道衡量指标		替换分析师关注衡量指标	
	Panel A	Panel B	Panel C	Panel D
	Implausible attribution_Word$_{it}$	Implausible attribution_Sent$_{it}$	Implausible attribution_Word$_{it}$	Implausible attribution_Sent$_{it}$
Analyst coverage$_{it}$	-0.017	-0.017		
	(-1.010)	(-1.013)		
Media coverage_Original$_{it}$	0.014*	0.016**		
	(1.727)	(2.039)		
Analyst coverage$_{it}$ * Media coverage_Original$_{it}$	-0.014***	-0.014***		
	(-3.318)	(-3.516)		
Report$_{it}$			-0.019	-0.020
			(-1.370)	(-1.469)
Media coverage			0.011	0.012*
			(1.616)	(1.894)
Report$_{it}$ * Media coverage$_{it}$			-0.008***	-0.008***
			(-3.217)	(-3.329)
Firm size$_{it}$	-0.000	-0.002	0.000	-0.001
	(-0.049)	(-0.257)	(0.070)	(-0.158)
Leverage$_{it}$	0.465***	0.469***	0.463***	0.468***
	(13.868)	(14.280)	(13.858)	(14.267)

续表

变量	替换媒体报道衡量指标		替换分析师关注衡量指标	
	Panel A	Panel B	Panel C	Panel D
	Implausible attribution_$Word_{it}$	Implausible attribution_$Sent_{it}$	Implausible attribution_$Word_{it}$	Implausible attribution_$Sent_{it}$
Industry $concentration_{it}$	−0.164	-0.213^{*}	−0.155	-0.205^{*}
	(−1.415)	(−1.897)	(−1.341)	(−1.821)
$Book\text{-}to\text{-}market_{it}$	0.367^{***}	0.370^{***}	0.365^{***}	0.369^{***}
	(8.652)	(9.046)	(8.630)	(9.038)
Big 4_{it}	0.008	0.013	0.006	0.011
	(0.366)	(0.616)	(0.303)	(0.543)
Abnormal $accrual_{it}$	-0.512^{***}	-0.517^{***}	-0.509^{***}	-0.513^{***}
	(−12.315)	(−12.702)	(−12.248)	(−12.627)
$Overconfidence_{it}$	-0.002^{**}	-0.002^{**}	-0.002^{*}	-0.002^{**}
	(−2.015)	(−2.228)	(−1.953)	(−2.174)
$Compensation_{it}$	-0.046^{***}	-0.045^{***}	-0.046^{***}	-0.044^{***}
	(−4.688)	(−4.643)	(−4.677)	(−4.631)
Top $shareholder_{it}$	-0.176^{***}	-0.171^{***}	-0.173^{***}	-0.170^{***}
	(−5.764)	(−5.730)	(−5.745)	(−5.705)
Institutional $ownership_{it}$	-0.195^{***}	-0.184^{***}	-0.184^{***}	-0.174^{***}
	(−2.979)	(−2.908)	(−2.825)	(−2.758)
Constant	0.967^{***}	0.971^{***}	0.948^{***}	0.956^{***}
	(6.378)	(6.596)	(6.311)	(6.552)
行业固定效应	Yes	Yes	Yes	Yes
年度固定效应	Yes	Yes	Yes	Yes
观测值	16 973	16 973	16 973	16 973
R^2	0.177	0.190	0.178	0.192

注：***、**、*分别表示在1%、5%、10%统计水平上显著；对所有连续变量进行了上下1百分位的缩尾处理；括号内为t值，标准误经过公司层面的聚类调整；变量定义见表8-2。

8.5.3 变更行业分类方法

上文包括计算不合理业绩归因的回归模型，以及分析师关注与上市公司不合理业绩归因的回归模型中，作者对制造业细分至三位代码（如C13等），而对其他行业控制至一位代码（如A等）。这一部分，作者对制造业除外的其他行业也细分至三位代码，以更加严格地控制行业层面的系统性差异。

表8-9报告了变更行业分类方法后的回归结果。Panel A和Panel B的因变量分别是Implausible attribution_Word$_{it}$和Implausible attribution_Sent$_{it}$。从结果来看，Analyst coverage$_{it}$*Media coverage$_{it}$的估计系数显著为负，支持本章研究假设。以上结果意味着，更加严格地控制行业层面的系统性差异并未改变本章研究结论。

表8-9 稳健性检验3：变更行业分类方法

变量	Panel A	Panel B
	Implausible attribution_Word$_{it}$	Implausible attribution_Sent$_{it}$
Analyst coverage$_{it}$	-0.018	-0.019
	(-1.053)	(-1.144)
Media coverage$_{it}$	0.012*	0.014**
	(1.731)	(2.073)
Analyst coverage$_{it}$ * Media coverage$_{it}$	-0.011***	-0.011***
	(-3.337)	(-3.467)
Firm size$_{it}$	0.000	-0.001
	(0.003)	(-0.215)
Leverage$_{it}$	0.466***	0.472***
	(13.578)	(14.037)
Industry concentration$_{it}$	-0.101	-0.144
	(-0.800)	(-1.167)

续表

变量	Panel A	Panel B
	$Implausible\ attribution\_Word_{it}$	$Implausible\ attribution\_Sent_{it}$
$Book\text{-}to\text{-}market_{it}$	0.315***	0.323***
	(7.536)	(8.021)
$Big\ 4_{it}$	0.002	0.007
	(0.097)	(0.327)
$Abnormal\ accrual_{it}$	-0.532***	-0.537***
	(-12.359)	(-12.738)
$Overconfidence_{it}$	-0.002	-0.002*
	(-1.471)	(-1.684)
$Compensation_{it}$	-0.049***	-0.047***
	(-4.722)	(-4.644)
$Top\ shareholder_{it}$	-0.191***	-0.182***
	(-6.016)	(-5.873)
$Institutional\ ownership_{it}$	-0.182***	-0.173***
	(-2.662)	(-2.625)
Constant	0.954***	0.948***
	(5.764)	(5.856)
行业固定效应	Yes	Yes
年度固定效应	Yes	Yes
观测值	16 032	16 032
R^2	0.182	0.196

注：***、**、*分别表示在1%、5%、10%统计水平上显著；对所有连续变量进行了上下1百分位的缩尾处理；括号内为t值，标准误经过公司层面的聚类调整；变量定义见表8-2。

8.6 本章小结

媒体同分析师具备发现上市公司不合理业绩归因的能力，以及引导投资者决策的市场影响力。那么就业绩归因信息披露行为而言，媒体和分析师的外部治理角色是相互补充还是相互替代？作者以2007年至2019年A股非金融上市公司为样本，检验了媒体报道对分析师关注与上市公司不合理业绩归因之间关系的影响。实证结果表明，媒体报道加强了分析师关注对上市公司不合理业绩归因的抑制作用。

本章的理论意义在于：从上市公司业绩归因信息披露角度，丰富了媒体外部治理机制方面的文献，而且厘清了媒体与分析师外部治理角色的相互作用关系。与此同时，完善了上市公司不合理业绩归因外部治理机制的研究框架，有助于深化理解上市公司业绩归因行为。本章研究结论的现实启示则在于：媒体和分析师可以相互合作，发挥各自优势来共同提高资本市场信息环境。

9 结论、启示与未来展望

本章作为结语，首先对实证章节内容进行系统性回顾；其次针对研究结论提出研究启示和政策建议，以期为投资者、资本市场信息中介以及相关监管部门提供参考；最后在总结本书研究不足的基础上展望未来的研究方向。

9.1 主要研究结论

业绩归因信息是上市公司管理层与外部信息使用者之间进行沟通的重要方式，是投资者用于评估上市公司价值的重要依据。但是上市公司普遍存在业绩归因自利性倾向：绩优时倾向归因于内部管理，反之绩差时倾向归因于外部环境，从而诱导投资者做出有利于管理层和公司的决策。然而不符合客观实际的自利性业绩归因，即不合理业绩归因可能会误导投资者对管理层的评价，以及对公司未来业绩的预期，进而增加代理成本以致资本错配。因此了解上市公司不合理业绩归因的决策因素具有重要意义。

分析师作为资本市场重要的外部治理机制，对上市公司财务信息披露以及经营决策等行为具有重要影响。但是现有文献尚未探讨外部治理机制对上市公司不合理业绩归因行为的影响。基于此，本书从分析师关注角度，实证检验了其对上市公司不合理业绩归因的影响。在此基础上作者进一步从公司业绩、明星分析师、媒体报道等角度，检验了分析师关注对上市公司不合理业绩归因的作用差异。

对上述内容展开研究之前，考虑到尚无文献直接度量上市公司不合理业绩归因，作为实证分析的第一步，本书首先基于归因理论，借鉴可操控应计利润和非效率投资的计算思路，构建了上市公司不合理业绩归因的度量方法。简言之，因为观察者通过对比活动者与其他个体行为结果的一致性评估活动者的归因合理性，所以作者分行业和年度回归上市公司自利性业绩归因与业绩以及业绩变化，把残差即偏离行业年度正常水平的自利性业绩归因认定为不合理业绩归因。对此，作者采用机器学习算法浅层网络取得的大样本自利性业绩归因数据，以2007年至2019年A股非金融上市公司为研究样本，从经济后果角度检验了该度量方法的有效性。作者实证发现，不合理业绩归因降低了公司未来价值和会计业绩，符合已有研究结论。这意味着作者构建的不合理业绩归因度量方法有效，从而为后续研究的开展扫清了障碍。

以下，阐述经过上述检验得到的重要结论：

结论一：分析师关注抑制了上市公司不合理业绩归因。作者以2007年至2019年A股非金融上市公司为样本，实证检验了分析师关注对上市公司不合理业绩归因行为的作用效果。研究结果表明，分析师关注迫使上市公司降低了自利性业绩归因的不合理程度，支持分析师外部治理的有效监督假说。这意味着，上市公司顾及不合理业绩归因可能会被分析师发现并且产生负面评价，因而在操纵业绩归因信息方面有所收敛。

结论二：分析师关注对绩差公司不合理业绩归因的抑制作用更强。以2007年至2019年A股非金融上市公司为样本，作者检验了分析师关注对绩优和绩差公司不合理业绩归因的作用差异。研究结果表明，绩优公司和绩差公司管理层对不合理业绩归因未来声誉风险的估计存在明显差异，与绩优公司相比，分析师关注对绩差公司不合理业绩归因的抑制作用更强。这意味着，面对分析师的归因偏向，绩差公司更加担忧其不合理业绩归因可能招致负面评价，从而降低不合理业绩归因的程度更加明显。

结论三：明星分析师加强了分析师关注对上市公司不合理业绩归因的抑制作用。以2007年至2019年A股非金融上市公司为样本，作者检验了明星分析师对分析师关注与不合理业绩归因之间关系的影响。实证结果表明，明星分析师加强了分析师关注对不合理业绩归因的抑制作用。这意味着与非明星分析师相比，明星分析师不仅判别公司业绩成因，识别不合理业绩归因的能力更强，而且当认定管理层逃避责任而出具负面评价时所引起的投资者反应更大，因此明星分析师关注对管理者不当行为的威慑作用更大。

结论四：媒体报道加强了分析师关注对上市公司不合理业绩归因的抑制作用。作者以2007年至2019年A股非金融上市公司为样本，检验了媒体报道对分析师关注与上市公司不合理业绩归因之间关系的影响。实证结果表明，媒体报道加强了分析师关注对上市公司不合理业绩归因的抑制作用。这意味着，媒体报道有助于分析师发现上市公司不合理业绩归因，并且可以放大分析师对上市公司的消极评价，因此对管理层而言，媒体和分析师双重关注带来的震慑作用最强。

9.2 研究启示与政策建议

本书研究结论对于投资者、资本市场信息中介，以及相关监管部门具有重要的借鉴意义。

首先，对投资者而言，本书研究结论对其识别业绩归因信息质量，评估管理层的工作绩效和公司未来价值具有一定的指导作用。文本信息不仅是财务信息的重要补充、解释和说明，更是对财务信息的扩展和延伸，文本信息为投资者提供了增量决策信息，尤其对非专业投资者来说文本信息具有重要意义。“管理层讨论与分析”中业绩归因信息又是投资者了解和分析驱动上市公司业绩的主要因素，进而对业绩可持续性进行估计的重要依据。然而受管理层自利性动机驱使业绩归因信息普遍存在过度自利性倾向，这种经过粉饰的信息却不利于投资者准确评估公司真实价值，有损资本配置效率。本书研究发现，分析师关注可以有效发挥监督作用，迫使管理层主动降低不合理业绩归因程度，提高业绩归因信息质量，而且分析师关注的震慑作用对绩差公司更加明显。上述结论为投资者识别可靠的业绩归因信息，进行正确的投资决策具有参考价值。

其次，对分析师而言，本书研究结论对其提升能力和维护声誉具有重要的启示意义。近年来，随着银河证券的“攀钢钒钛”事件、中信证券的“天价榨菜”事件、“石墨烯”事件，以及多起分析师和券商为评选最佳分析师和最佳券商寻租的事件曝光于众，不乏质疑分析师能力和声誉的声音。本书研究结论指出，分析师关注对上市公司行为具有威慑作用，管理层顾及分析师的能力和市场影响力，会主动控制自利性业绩归因的不合理程度。而且分析师的能力越高，市场影响力越大，其对上市公司的威慑作用越大。对分析师而言，上述研究结论启示分析师提高专业能力，并且维护自身声誉，有助于从根源上提高上市公司信息披露质量，提升盈余预测和评级调整的准确度。

最后，对监管部门而言，本书研究结论对其注重资本市场信息中介力量的发挥，规范上市公司文本信息质量具有重要的参考意义。随着信息使用者需求的变化和上市公司报告实务的发展，不在独立审计范围内的文本信息越来越受到监管部门的重视。然而，因为文本信息不同于财务信息，非常灵活，相关部门难以制定详细的法规进行监管。本书研究结论表明，资本市场信息中介并非局限于被动地接收上市公司信息，其亦能够积极作用于上市公司文本信息质量。因此，监管部门可以曲线救国，通过惩治分析师不良行为以规范分析师行业，保证其专业能力和声誉机制的有效发挥来间接提高上市公司文本信息质量，从而促进资本市场配置效率。

9.3 研究局限与未来研究展望

本书采用文本分析方法，首次探讨了上市公司不合理业绩归因的外部治理机制，属于探索性研究，难免存在不足之处。这一部分，作者将对本书不足之处进行盘点，在此基础上指出未来研究方向。

9.3.1 研究局限

首先，本书仅从资本市场信息中介角度，对上市公司不合理业绩归因的外部治理机制进行了探讨，而没有从其他，如产品市场竞争等角度检验该问题。除了资本市场信息中介（包括分析师和媒体），产品市场竞争作为重要的外部治理机制也有可能影响上市公司业绩归因信息披露行为。但是限于篇幅，本书着重分析了资本市场信息中介的外部治理机制，并未详细探讨其他因素对上市公司不合理业绩归因行为的作用效果。

其次，本书基于归因理论，构建了直接估计上市公司不合理业绩归因的方法，这可能与上市公司实际不合理业绩归因存在差异。不合理业绩归因是指不符合客观实际的业绩归因。然而，无论对于外部信息使用者还是对于研究者来讲，认定一家上市公司业绩归因中哪些是合理归因，哪些又是不合理归因是相当困难的一件事情。判断公司业绩成因需要长期跟踪并且持续关注，不仅需要知悉宏观行业环境的变化，而且需要实地调查公司内部经营情况。学者通常不具备这种条件，分析师作为专业信息中介或许具备这种能力和条件，但是目前尚不存在针对自利性业绩归因合理性的分析师意见集合，采访调查每一位分析师对每一家上市公司自利性业绩归因的看法也不切实际。因此，本书基于归因理论中观察者判别活动者归因合理性的相关知识计算了上市公司不合理业绩归因。尽管度量方法通过了有效性检验，但是与上市公司实际自利性业绩归因不合理程度可能仍然存在差异，导致高估或低估上市公司不合理业绩归因程度，进而使得本书研究结论存在一定偏差。

最后，作为计算本书关键变量不合理业绩归因的基础，自利性业绩归因的度量可能存在一定的衡量误差，从而对本书研究结论的准确性造成一定的影响。尽管本书所采用的文本分类算法是目前计算机语言学领域公认的相对先进并且准确的方法，并且本书研究中提取业绩归因段落的准确度达到了93.51%，判断归因类别的准确度达到了87.36%，但是仍然无法达到100%的准确度。因此本书所采用的自利性业绩归因，以及基于该变量计算得出的不合理业绩归因可能存在一定的衡量误差。

具体而言：第一，可能高估或低估上市公司不合理业绩归因外部治理机制的作用效果；第二，即使其他学者采用完全相同的文本分类算法得到自利性业绩归因，其数值大小也可能与本书结果不一致，进而不合理业绩归因指标以及实证结果与本书存在少许差异。

这是因为本书用于浅层网络进行运算最优文本分类模型的基础训练集是2 000份人工标注的上市公司年报“管理层讨论与分析”文本，尽管人工标注过程中对每一项归因的判断和赋值分别由两人独立进行，而后对比结果。存在意见分歧时由第三人加入讨论后再行判断，以最大程度上避免衡量误差。但是人工标注的过程仍然难以完全复制，因为不同个体对“某项语句是否属于业绩归因语句”，以及“某项业绩归因语句对上市公司是有利还是不利，是内部因素还是外部因素”的感知和判断不可能完全相同。

值得注意的是，随着计算机语言学理论和技术的发展，未来必然出现更加先进而且准确的文本分类算法。学者采用这些新方法得出的自利性业绩归因与不合理业绩归因指标大小，以及由此得到的实证结果可能与本书存在差异。然而这一差异并不能作为质疑本书研究结论可靠性的依据。因为在目前技术条件下，本书文本分类结果统计上达到了准确性要求，并且保证了研究过程的科学性。

9.3.2 未来研究展望

业绩归因这一具有丰富内涵和重要意义的研究课题，未来尚有许多值得研究的话题，作者认为如下三个方向是其中相对有理论贡献和实践意义的研究问题：

第一，实证检验资本市场信息中介（包括分析师和媒体）除外，其他外部治理机制对上市公司自利性业绩归因的影响。其他外部治理机制，如产品市场是否影响上市公司文本信息披露及其质量，目前还少有相关实证证据。事实上文本信息弥补了财务信息的不足，提供了关于公司未来发展的重要信息，文本信息在经济决策中的作用日益增大。此外，业绩归因信息还提供了相关管理层心态（如过度自信）的重要信息，对管理者决策和未来发展走向具有重要参考价值。但是文本信息的灵活性特征往往赋予了上市公司管理层更大的信息操纵空间。因此深入探讨上市公司业绩归因信息的外部治理机制，从而规范业绩归因信息，提高其质量具有重要意义。

第二，细化、丰富亦或重新构建不合理业绩归因的度量方法，或者从其他角度检验本书构建的度量方法是否有效。如前所述，对学者而言直接判别上市公司自利性业绩归因合理与否不切实际。作者基于归因理论中观察者判别活动者归因合理性的相关知识，通过分行业和年度回归上市公司自利性业绩归因与业绩以及业绩变化，把残差即偏离行业年度正常水平的上市公司自利性业绩归因认定为不合理业绩归因。未来学者可以进一步探讨还可以从哪些角度构建不合理业绩归因度量方法。另外，本书通过实证检验不合理业绩归因对公司未来价值和会计业绩的影响，检验了该度量方法的有效性。学者也可以从其他角度论证甚至反驳该度量方法的有效性，来共同推动不合理业绩归因计量领域的发展。

第三，随着计算机语言学理论和技术的发展，对业绩归因文本的分析或许可以深入到语义层面，实现对不同上市公司或者管理层归因风格的量化。不同的写作风格透露出不同的性格、风险偏好、处事方式等。通过深入分析业绩归因或者“管理层讨论与分析”文本的语义可以实现对上市公司或者管理层写作风格的量化，来展开相关的实证研究。例如，管理层的风险偏好如何影响自利性业绩归因？自利性业绩归因的市场反应是否转变了写作风格？这些问题有助于深化理解上市公司文本信息披露行为，对相关法规制定和监管具有重要意义。

参考文献

[1] 陈钦源，马黎珺，伊志宏. 分析师跟踪与企业创新绩效——中国的逻辑[J]. 南开管理评论，2017（3）：15-27.

[2] 程新生，刘建梅，程悦. 相得益彰抑或掩人耳目：盈余操纵与MD&A中非财务信息披露[J]. 会计研究，2015（8）：11-18.

[3] 醋卫华，李培功. 媒体监督公司治理的实证研究[J]. 南开管理评论，2012（1）：33-42.

[4] 戴亦一，潘越，刘思超. 媒体监督、政府干预与公司治理：来自中国上市公司财务重述视角的证据[J]. 世界经济，2011（11）：121-144.

[5] 邓新明，熊会兵，李剑峰，等. 政治关联、国际化战略与企业价值——来自中国民营上市公司面板数据的分析[J]. 南开管理评论，2014（1）：26-43.

[6] 冯洪全，曾大宏，吴树畅. 试论会计信息在资本市场中的价值[J]. 会计研究，1999（3）：16-23.

[7] 冯旭南，李心愉. 主承销商的买入推荐可信吗？——来自中国的证据和启示[J]. 投资研究，2011（11）：48-60.

[8] 郭星华. 从"他者"到"主体"——一项关于犯罪人自我归因的实证研究[J]. 中国人民大学学报，2010（3）：118-123.

[9] 侯巧铭，宋力，蒋亚朋. 管理者过度自信度量方法的比较与创新，财经问题研究[J]. 2015（7）：58-65.

[10] 胡奕明，林文雄，王玮璐. 证券分析师的信息来源、关注域与分析工具[J]. 金融研究，2003（12）：52-63.

[11] 姜付秀，张敏，陆正飞，等. 管理者过度自信、企业扩张与财务困境［J］. 经济研究，2009（1）：131-143.

[12] 蒋艳辉，冯楚建. MD&A语言特征，管理层预期与未来财务业绩——来自中国创业板上市公司的经验证据［J］. 中国软科学，2014（11）：115-130.

[13] 孔东民，刘莎莎，应千伟. 公司行为中的媒体角色：激浊扬清还是推波助澜?［J］. 管理世界，2013（7）：145-162.

[14] 李春涛，宋敏，张璇. 分析师跟踪与企业盈余管理——来自中国上市公司的证据［J］. 金融研究，2014（7）：124-139.

[15] 李春涛，赵一，徐欣，等. 按下葫芦浮起瓢：分析师跟踪与盈余管理途径选择［J］. 金融研究，2016（4）：144-157.

[16] 李丽青.《新财富》评选的最佳分析师可信吗？——基于盈利预测准确度和预测修正市场反应的经验证据［J］. 投资研究，2012（7）：54-64.

[17] 李琳，张敦力. 分析师跟踪，股权结构与内部人交易收益［J］. 会计研究，2017（1）：53-60.

[18] 李培功，沈艺峰. 媒体的公司治理作用：中国的经验证据［J］. 经济研究，2010（4）：14-27.

[19] 李培功，沈艺峰. 经理薪酬、轰动报道与媒体的公司治理作用［J］. 管理科学学报，2013（10）：63-80.

[20] 李勇，王莉，王满仓. 明星分析师的推荐评级更具价值吗？——基于媒体关注的视角［J］. 投资研究，2015（5）：143-160.

[21] 梁上坤. 管理者过度自信、债务约束与成本粘性［J］. 南开管理评论，2015（3）：122-131.

[22] 刘笑霞，李明辉. 媒体负面报道、分析师跟踪与税收激进度［J］. 会计研究，2018（9）：64-71.

[23] 刘永芳. "利己主义归因偏向"产生的原因及条件限制［J］. 湖南教育学院学报，1998（4）：87-92.

[24] 刘永芳. 归因理论及其应用（修订版）［M］. 上海：上海教育出版社，2019.

[25] 娄祝坤，张博慧. 媒体信息挖掘与分析师盈余预测准确度——基于管理层业绩预告背景的考察［J］. 会计与经济研究，2019（1）：72-85.

[26] 马黎珺，伊志宏，张澈. 廉价交谈还是言之有据？——分析师报告文本的信息含量研究［J］. 管理世界，2019（7）：182-200.

[27] 潘越，戴亦一，林超群. 信息不透明，分析师关注与个股暴跌风险［J］. 金融研究，2011（9）：138-151.

[28] 钱颖一. 市场与法治［J］. 经济社会体制比较，2000（3）：1-11.

[29] 权小锋，吴世农．媒体关注的治理效应及其治理机制研究［J］．财贸经济，2012（5）：59-67．

[30] 邵帅，吕长江．实际控制人直接持股可以提升公司价值吗？——来自中国民营上市公司的证据［J］．管理世界，2015（5）：134-146；188．

[31] 宋常，杨华领，李沁洋．证券分析师关注与上市公司成本黏性［J］．经济理论与经济管理，2016（12）：93-107．

[32] 孙蔓莉．论上市公司信息披露中的印象管理行为［J］．会计研究，2004（3）：40-45．

[33] 孙蔓莉．自利性业绩归因行为分析及经济后果研究［M］．北京：中国人民大学出版社，2014．

[34] 孙蔓莉，蒋璐，孙健．业绩归因的自利性披露及市场反应研究——汇率单边升值情境下的纺织业表现［J］．会计研究，2013（4）：46-51．

[35] 孙蔓莉，李贝，高靖宇．业绩归因影响股票投资行为的路径和机制研究［J］．南开管理评论，2017（3）：113-123．

[36] 孙蔓莉，刘相雨，韩艳锦．基于自利性业绩归因的财务危机预警研究［J］．财务研究，2019（3）：54-63．

[37] 孙蔓莉，王化成，凌哲佳．关于公司年报自利性归因行为的实证研究［J］．经济科学，2005（2）：86-93．

[38] 孙蔓莉，王化成，凌哲佳．公司报告归因倾向的拓展研究［J］．商业经济与管理，2007（1）：52-56．

[39] 孙蔓莉，王竹君，蒋艳霞．代理问题、公司治理模式与业绩自利性归因倾向——基于美、中、日三国的数据比较［J］．会计研究，2012（1）：68-74．

[40] 孙蔓莉，肖芸，申世宏．业绩归因与盈余管理的“复合式”操纵研究——以厦华电子为例［J］．会计研究，2018（6）：28-33．

[41] 孙蔓莉，郑天娇．盈余管理对自利性业绩归因的促进作用研究——以煤炭价格上涨为背景［J］．财务研究，2016（2）：25-32．

[42] 谭松涛，甘顺利，阚铄．媒体报道能够降低分析师预测偏差吗？［J］．金融研究，2015（5）：192-206．

[43] 田高良，封华，于忠泊．资本市场中媒体的公司治理角色研究［J］．会计研究，2016（6）：21-29．

[44] 万丽梅，逯东．中国证券分析师角色担当：声誉机制与市场环境的交互效应［J］．当代财经，2013（3）：64-73．

[45] 王宇熹，洪剑峭，肖峻．顶级券商的明星分析师荐股评级更有价值么？——基于券商声誉、分析师声誉的实证研究［J］．管理工程学报，2012（3）：197-206．

［46］ 吴东辉，薛祖云．对中国A股市场上财务分析师盈利预测的实证分析［J］．中国会计与财务研究，2005（1）：1-53．

［47］ 吴偎立，张峥，乔坤元．信息质量、市场评价与激励有效性——基于《新财富》最佳分析师评选的证据［J］．经济学（季刊），2016（2）：723-744．

［48］ 杨德明．媒体为什么会报道上市公司丑闻？［J］．中国会计与财务研究国际研讨会，2010．

［49］ 杨德明，赵璨．媒体监督、媒体治理与高管薪酬［J］．经济研究，2012（6）：116-126．

［50］ 姚德权，杨华沙．上市公司年报自利性归因的市场反应实证研究［J］．四川师范大学学报，2014（6）：58-64．

［51］ 伊志宏，江轩宇．明星VS非明星：分析师评级调整与信息属性［J］．经济理论与经济管理，2013（10）：93-108．

［52］ 伊志宏，朱琳，陈钦源．分析师研究报告负面信息披露与股价暴跌风险［J］．南开管理评论，2019（5）：194-208．

［53］ 于忠泊，田高良，齐保垒，等．媒体关注的公司治理机制［J］．管理世界，2011（9）：127-140．

［54］ 翟胜宝，张雯，曹源，等．分析师跟踪与审计意见购买［J］．会计研究，2016（6）：86-93．

［55］ 张纯，吕伟．信息披露、信息中介与企业过度投资［J］．会计研究，2009（1）：60-65．

［56］ 张维迎．法律制度的信誉基础［J］．经济研究，2002（1）：3-13；92-93．

［57］ 郑建明，黄晓蓓，张新民．管理层业绩预告违规与分析师监管［J］．会计研究，2015（3）：50-56．

［58］ 周开国，应千伟，陈晓娴．媒体关注度、分析师关注度与盈余预测准确度［J］．金融研究，2014（2）：139-152．

［59］ 朱红军，何贤杰，陶林．中国的证券分析师能够提高资本市场的效率吗——基于股价同步性和股价信息含量的经验证据［J］．金融研究，2007（2）：110-121．

［60］ 朱红军，何贤杰，陶林．信息源、信息搜寻与市场吸收效率——基于证券分析师盈利预测修正的经验证据［J］．财经研究，2008（5）：63-74．

［61］ AERTS W. Picking up the pieces：Impression management in the retrospective attributional framing of accounting outcomes［J］. Accounting Organizations and Society，2005（30）：493-517．

［62］ AERTS W，TARCA A. Financial performance explanations and institutional setting [J]. Accounting and Business Research, 2010 (40): 421-450.

[63] AERTS W, CHENG P. Causal disclosures on earnings and earnings management in an IPO setting [J]. Journal of Accounting and Public Policy, 2011 (30): 431-459.

[64] AERTS W, CHENG P. Self-serving causal disclosures and short-term IPO valuation-Evidence from China [J]. Accounting and Business Research, 2012 (42): 49-75.

[65] AERTS W, ZHANG S. Management's causal reasoning on performance and earnings management [J]. European Management Journal, 2014 (32): 770-783.

[66] AKERLOF G A. The market for lemons: Quality uncertainty and the market mechanism [J]. Quarterly Journal of Economics, 1970 (84): 48-500.

[67] ALI M J, AHMED K, HENRY D. Disclosure compliance with national accounting standards by listed companies in South Asia [J]. Accounting and Business Research, 2004 (34): 183-199.

[68] AMES R. Teacher's attributions of responsibility: Some unexpected non-defensive effects [J]. Journal of Educational Psychology, 1975 (67): 668-676.

[69] ANDERSON R C, REEB D M. Founding-family ownership and firm performance: Evidence from the S&P 500 [J]. The Journal of Finance, 2003 (58): 1301-1328.

[70] AYERS B C, FREEMAN R N. Evidence that analyst following and institutional ownership accelerate the pricing of future earnings [J]. Review of Accounting Studies, 2003 (8): 47-67.

[71] AYERS B C, FREEMAN R N. Market assessment of industry and firm earnings information [J]. Journal of Accounting and Economics, 1997 (24): 205-218.

[72] BAGINSKI S P, HASSELL J M, KIMBROUGH M D. Why do managers explain their earnings forecasts? [J]. Journal of Accounting Research, 2004 (42): 1-29.

[73] BAGINSKI S P, HASSELL J M, HILLISON W A. Voluntary causal disclosures: Tendencies and capital market reaction [J]. Review of Quantitative Finance and Accounting, 2000 (15): 371-389.

[74] BARBER B M, ODEAN T. All that glitters: The effect of attention and news on the buying behavior of individual and institutional investors [J]. The Review of Financial Studies, 2008 (21): 785-818.

[75] BARTON J, MERCER M. To blame or not to blame: Analysts' reactions to external explanations for poor financial performance [J]. Journal of Accounting and Economics, 2005 (39): 509-533.

[76] BECKMAN W A, MITCHELL J W, PORTER W P. Thermal model for prediction of a desert iguana's daily and seasonal behavior [J]. Trans. ASME, Series C, 1973 (95): 257-262.

[77] BETTMAN J R, WEITZ B A. Attributions in the board room: Causal reasoning in corporate annual reports [J]. Administrative Science Quarterly, 1983 (28): 165-183.

[78] BHAGAT S, BOLTON B. Corporate governance and firm performance [J]. Journal of Corporate Finance, 2008 (14): 257-273.

[79] BILLETT M T, QIAN Y. Are overconfident CEOs born or made? Evidence of self-attribution bias from frequent acquirers [J]. Management Science, 2008 (54): 1037-1051.

[80] BOONE A L, WHITE J T. The effect of institutional ownership on firm transparency and information production [J]. Journal of Financial Economics, 2015 (117): 508-533.

[81] BOONE A L, FLOROS I V, JOHNSON S A. Redacting proprietary information at the initial public offering [J]. Journal of Financial Economics, 2016 (120): 102-123.

[82] BOWEN R M, CHEN X, CHENG Q. Analyst coverage and the cost of raising equity capital: Evidence from underpricing of seasoned equity offerings [J]. Contemporary Accounting Research, 2008 (25): 657-700.

[83] BOWMAN E H. Strategy, annual reports, and alchemy [J]. California Management Review, 1978 (20): 64-71.

[84] BRAV A, LEHAVY R. An empirical analysis of analysts' target prices: Short term informativeness and long-term dynamics [J]. The Journal of Finance, 2003 (58): 1933-1968.

[85] BROCHET F, MILLER G S, NARANJO P, et al. Managers' cultural background and disclosure attributes [J]. Accounting Review, 2019 (94): 57-86.

[86] BUSHEE B J, CORE J E, GUAY W, et al. The role of the business press as an information intermediary [J]. Journal of Accounting Research, 2010 (48): 1-19.

[87] CHAN K C, JIANG X, WU D, et al. When is the client king? Evidence from affiliated-analyst recommendations in china's split-share reform [J]. Contemporary Accounting Research, 2020 (37): 1044-1072.

[88] CHAN K, HAMEED A. Stock price synchronicity and analyst coverage in emerging markets [J]. Journal of Financial Economics, 2006 (80): 115-147.

[89] CHANG X, DASGUPTA S, HILARY G. Analyst coverage and financing decisions [J]. The Journal of Finance, 2006 (61): 3009-3048.

[90] CHEN C W, PANTZALIS C, PARK J C. Press coverage and stock prices' deviation from fundamental value [J]. Working Paper, 2009.

[91] CHEN T, LIN C. Does Information asymmetry affect corporate tax aggressiveness? [J]. Journal of Financial and Quantitative Analysis, 2017 (52): 2053-2081.

[92] CHEN T, HARFORD J, LIN C. Do analysts matter for governance? Evidence from natural experiments [J]. Journal of Financial Economics, 2015 (115): 383-410.

[93] CHOI D, LOU D. A Test of the self-serving attribution bias: Evidence from mutual funds [J]. Working Paper, 2013.

[94] CLAPHAM S E, SCHWENK C R. Self-serving attributions, managerial cognition, and company performance [J]. Strategic Management Journal, 1991 (12): 219-229.

[95] CLARKSON P M, KAO J L, RICHARDSON G D. Evidence that management discussion and analysis (MD&A) is a part of a firm's overall disclosure package [J]. Contemporary Accounting Research, 1999 (16): 111-134.

[96] CLATWORTHY M A, JONES M J. Differential patterns of textual characteristics and company performance in the chairman's statement [J]. Accounting, Auditing and Accountability Journal, 2006 (19): 493-511.

[97] COOKE T E. The impact of size, stock market listing and industry type on disclosure in the annual reports of Japanese listed corporations [J]. Accounting and Business Research, 1992 (22): 229-237.

[98] CRAWFORD S S, ROULSTONE D T, SO E C. Analyst initiations of coverage and stock return synchronicity [J]. The Accounting Review, 2012 (87): 1527-1553.

[99] DEDMAN E, LENNOX C. Perceived competition, profitability and the withholding of information about sales and the cost of sales [J]. Journal of Accounting and Economics, 2009 (48): 210-230.

[100] DEGEORGE F, PATEL J, ZECKHAUSER R. Earnings management to exceed thresholds [J]. The Journal of Business, 1999 (72): 1-33.

[101] DEGEORGE F, DING Y, JEANJEAN T, et al. Analyst coverage, earnings management and financial development: An international study [J]. Journal of Accounting and Public Policy, 2013 (32): 1-25.

[102] DENG S Y, HUANG Z J, SINHA A, et al. The interaction between microblog sentiment and stock returns: An empirical examination [J]. MIS Quarterly, 2018 (42): 895-918.

[103] DOUKAS J A, PANTZALIS K C. Do analysts influence corporate financing and investment? [J]. Financial Management, 2008 (37): 303-339.

[104] DUVAL T S, SILVIA P J. Self-awareness and causal attribution: A dual-systems theory [M]. Boston: Kluwer Academic, 2001.

[105] DYCK A, ZINGALES L. Private benefits of control: An international comparison [J]. Journal of Finance, 2004 (59): 537-600.

[106] DYCK A, VOLCHKOVA N, MORSE A, et al. Who blows the whistle on corporate fraud? [J]. Journal of Finance, 2010 (65): 2213-2253.

[107] DYCK A, VOLCHKOVA N, ZINGALES L. The corporate governance role of the media: Evidence from Russia [J]. Journal of Finance, 2008 (63): 1093-1135.

[108] FANG L H, YASUDA A. Are stars' opinions worth more? The relation between analyst reputation and recommendation values [J]. Journal of Financial Services Research, 2014 (46): 235-269.

[109] FANG L H, YASUDA A. The effectiveness of reputation as a disciplinary mechanism in sell-side research [J]. Review of Financial Studies, 2009 (22): 3735-3777.

[110] FARRELL G. Companies Cite Attacks in Earnings Warnings [J]. USA Today, 2001 (27): B01.

[111] FIRTH M, LIN C, LIU P, et al. The client is king: Do mutual fund

relationships bias analyst recommendations? [J]. Journal of Accounting Research, 2013 (51): 165-200.

[112] FITCH G. Effects of self-esteem, perceived performance, and choice on causal attributions [J]. Journal of Personality and Social Psychology, 1970 (18): 311-315.

[113] FRANCIS J, SOFFER L. The relative informativeness of analysts' stock recommendations and earnings forecast revisions [J]. Journal of Accounting Research, 1997 (35): 193.

[114] FRANKEL R, LI X. Characteristics of a firm's information environment and the information asymmetry between insiders and outsiders [J]. Journal of Accounting & Economics, 2004 (37): 1-259.

[115] FRIEDMAN E, JOHNSON S, BOONE P, et al. Corporate governance in the Asian financial crisis [J]. Journal of Financial Economics, 1999 (58): 141-186.

[116] FULLER J, JENSEN M C. Just say no to wall street: Putting a stop to the earnings game [J]. Journal of Applied Corporate Finance, 2002 (14): 41-46.

[117] GILMORE T M, MINTON H L. Internal versus external attribution of task performance as a function of locus of control, initial confidence and success-failure outcome [J]. Journal of Personality, 1974 (42): 159-174.

[118] GOODING R Z, KINICKI A J. Interpreting event causes: The complementary role of categorization and attribution processes [J]. Journal of Management Studies, 1995 (32): 1-22.

[119] GRAHAM J R, HARVEY C R, RAJGOPAL S. The economic implications of corporate financial reporting [J]. Journal of Accounting and Economics, 2005 (40): 3-73.

[120] GU Z, XUE J. The superiority and disciplining role of independent analysts [J]. Journal of Accounting and Economics, 2008 (45): 289-316.

[121] HALIM H, CHEW I H. Performance attributions: A cross cultural study comparing Singapore, Japan and US companies, Interdisciplinary [J]. Journal of Information, Knowledge, and Management, 2008 (3): 55-72.

[122] HAYWARD M L A, HAMBRICK D C. Explaining the premiums paid for large acquisitions: Evidence of CEO hubris [J]. Administrative Science

Quarterly, 1997 (42): 103-127.
[123] HE J, TIAN X. The dark side of analyst coverage: The case of innovation [J]. Journal of Financial Economics, 2013 (109): 856-878.
[124] HEALY P M, PALEPU K G. Information asymmetry, corporate disclosure, and the capital markets: A review of the empirical disclosure literature [J]. Journal of Accounting and Economics, 2001 (31): 405-440.
[125] HEIDER F. The psychology of interpersonal relations [M]. New York: Wiley, 1958.
[126] HONG H A, KIM J, WELKER M. Divergence of cashflow and voting rights, opacity, and stock price crash risk: International evidence [J]. Journal of Accounting Research, 2017 (55): 1167-1212.
[127] HONG H, KUBIK J D. Analyzing the analysts: Career concerns and biased earnings forecasts [J]. Journal of Finance, 2003 (58): 313-351.
[128] HONG H, KACPERCZYK M. Competition and Bias [J]. The Quarterly Journal of Economics, 2010 (125): 1683-1725.
[129] HOOGHIEMSTRA R. East-West differences in attributions for company performance [J]. Journal of Cross-Cultural Psychology, 2008 (39): 618-629.
[130] HUANG A H, ZANG A Y, ZHENG R. Evidence on the information content of text in analyst reports [J]. The Accounting Review, 2014 (89): 2151-2180.
[131] HUFF A S, SCHWENK C. Bias and sensemaking in good times and bad [J]. Mapping Strategic Thought, 1990 (89): 81-108.
[132] JACKSON A R. Trade generation, reputation, and sell-side analysts [J]. Journal of Finance, 2005 (60): 673-717.
[133] JENSEN M C, MECKLING W H. Theory of the firm: Managerial behavior, agency costs and ownership structure [J]. Journal of Financial Economics, 1976 (3): 305-360.
[134] JOE J R, LOUIS H, ROBINSON D. Managers' and investors' responses to media exposure of board ineffectiveness [J]. Journal of Financial and Quantitative Analysis, 2009 (44): 579-605.
[135] JOHNSON W B, YOUNG S M, WELKER M. Managerial reputation and the informativeness of accounting and market measures of performance

[J]. Contemporary Accounting Research, 1993 (10): 305-332.

[136] JONES E E, GERARD H B. Fundamentals of social psychology [M]. New York: John Wiley & Sons, Inc, 1967.

[137] JONES E E, NISBETT R E. The actor and the observer: Divergent perceptions of the causes of behavior, Attribution: Perceiving the Causes of Behavior [M]. Morristown: General Learning Press, 1972.

[138] JONES J J. Earnings management during import relief investigations [J]. Journal of Accounting Research, 1991 (29): 193-228.

[139] KEUSCH T, BOLLEN L H H, HASSINK H F D. Self-serving bias in annual report narratives: An empirical analysis of the impact of economic crises [J]. European Accounting Review, 2012 (21): 623-648.

[140] KHURANA I K, RAMAN K. Litigation risk and the financial reporting credibility of Big 4 versus non-Big 4 audits: Evidence from Anglo-American countries [J]. Accounting Review, 2004 (79): 473-495.

[141] KIM J B, LU L Y, YU Y. Analyst coverage and expected crash risk: Evidence from exogenous changes in analyst coverage [J]. Accounting Review, 2019 (94): 345-364.

[142] KIMBROUGH M D, WANG I Y. Are seemingly self-serving attributions in earnings press releases plausible? Empirical evidence [J]. The Accounting Review, 2014 (89): 635-667.

[143] KNYAZEVA D. Corporate governance, analyst following, and firm behavior [J]. Working Paper, 2007.

[144] KOTHARI S P, LI X, SHORT J E. The effect of disclosures by management, analysts, and business press on cost of capital, return volatility, and analyst forecasts: A study using content analysis [J]. Accounting Review, 2009 (84): 1639-1670.

[145] KREPS D M, WILSON R. Reputation and imperfect information [J]. Journal of Economic Theory, 1982 (27): 253-279.

[146] KRIPPENDORFF K. Reliability in content analysis: Some common misconceptions and recommendations [J]. Human Communication Research, 2004 (30): 411-433.

[147] LEUZ C. Proprietary versus non-proprietary disclosures: Evidence from Germany [J]. The Economics and Politics of Accounting, 2004 (13): 164-199.

[148] LEVITT. The Numbers Game [J]. The CPA Journal, 1998 (68):

14-19.

[149] LEWIN K. Field theory and experiment in social psychology: Concepts and methods [J]. The American Journal of Sociology, 1939 (44): 868-896.

[150] LI F. Annual report readability, current earnings, and earnings persistence [J]. Journal of Accounting and Economics, 2008 (45): 221-247.

[151] LI F. Managers' self-serving attribution bias and corporate financial policies [J]. Working Paper, 2010.

[152] LIBBY R, RENNEKAMP K M. Self-Serving attribution bias, overconfidence and the issuance of management forecasts [J]. Journal of Accounting Research, 2012 (50): 197-231.

[153] LIU B, MCCONNELL J J. The role of the media in corporate governance: Do the media influence managers' capital allocation decisions? [J]. Journal of Financial Economics, 2013 (110): 1-17.

[154] LIU M H. Analysts' incentives to produce industry-level versus firm-specific information [J]. Journal of Financial & Quantitative Analysis, 2011 (46): 757-784.

[155] LOH R K, STULZ R M. When are analyst recommendation changes influential? [J]. The Review of Financial Studies, 2011 (24): 593-627.

[156] LOMBARD M, SNYDER-DUCH J, BRACKEN C C. Content analysis in mass communication: Assessment and reporting of intercoder reliability [J]. Human Communication Research, 2002 (28): 587-604.

[157] LYS T, SOHN S. The association between revisions of financial analysts' earnings forecasts and security-price changes [J]. Journal of Accounting and Economics, 1990 (13): 341-363.

[158] MARECEK J, METTEE D R. Avoidance of continued success as a function of self-esteem, level of esteem certainty, and responsibility for success [J]. Journal of Personality and Social Psychology, 1972 (22): 98-107.

[159] MCGILL A L. Counterfactual reasoning in causal judgments: Implications for marketing [J]. Psychology & Marketing, 2000 (17): 323-343.

[160] MERTON R C. A simple model of capital market equilibrium with incomplete information [J]. Journal of Finance, 1987 (42): 483-510.

[161] MILBOURN T T. CEO reputation and stock-based compensation [J]. Journal of Financial Economics, 2003 (68): 233-262.

[162] MILLER D T, ROSS M. Self-serving bias in the attribution of causality: Factor or fiction [J]. Psychological Bulletin, 1975 (82): 213-225.

[163] MILLER G S. The press as watchdog for accounting fraud [J]. Journal of Accounting Research, 2006 (44): 1001-1033.

[164] NGUYEN B D. Is more news good news? Media coverage of CEOs, firm value, and rent extraction [J]. The Quarterly Journal of Finance, 2015 (5): 1-38.

[165] NISBETT R, ROSS L. Human inference: Strategies and shortcomings of social judgment [M]. Englewood Cliffs, NJ: Prentice-Hall, 1980.

[166] O'BRIEN P C, MCNICHOLS M F, HSIOU-WEI L. Analyst impartiality and investment banking relationships [J]. Journal of Accounting Research, 2005 (43), 623-650.

[167] PIOTROSKI J, ROULSTONE B. The influence of analysts, institutional investors, and insider on the incorporation of market, industry, and firm-specific information into stock prices [J]. The Accounting Review, 2004 (79): 1119-1151.

[168] RICHARDSON S. Over-investment of free cash flow [J]. Review of Accounting Studies, 2006 (11): 159-189.

[169] ROGERS R K, GRANT J. Content analysis of information cited in reports of sell-side financial analysts [J]. CFA Digest, 1998 (28): 9-30.

[170] ROSS L, BIERBRAUER G, POLLY S. Attribution of educational outcomes by professional and non-professional instructors [J]. Journal of Personality and Social Psychology, 1974 (29): 609-618.

[171] SALANCIK G R, MEINDL J R. Corporate attributions as strategic illusions of management control [J]. Administrative Science Quarterly, 1984 (29): 238-254.

[172] SINGH I, ZAHN M V. Determinants of intellectual capital disclosure in prospectuses of initial public offerings [J]. Accounting and Business Research, 2008 (38): 409-431.

[173] SNYDER M L, STEPHAN W G, ROSENFIELD D. Egotism and attribution [J]. Journal of Personality & Social Psychology, 1976 (33): 435.

[174] STAW B M, MCKECHNIE P I, PUFFER S M. The justification of organizational performance [J]. Administrative Science Quarterly, 1983 (28): 582-600.

[175] STICKEL S E. Reputation and performance among security analysts

[J]. Journal of Finance, 1992 (47): 1811-1836.

[176] STICKEL S. The anatomy of buy and sell recommendations [J]. Financial Analysts Journal, 1995 (51): 15.

[177] TETLOCK P C. Giving content to investor sentiment: The role of media in the stock market [J]. Journal of Finance, 2007 (62): 1139-1168.

[178] TETLOCK P C. All the news That's fit to reprint: Do investors react to stale information? [J]. Review of Financial Studies, 2011 (24): 1481-1512.

[179] TSANG E W. K. Self-serving attributions in corporate annual reports: A replicated study [J]. Journal of Management Studies, 2002 (39): 51-65.

[180] VERRECCHIA R E, WEBER J. Redacted disclosure [J]. Journal of Accounting Research, 2006 (44): 791-814.

[181] WALLACE R S O, NASER K, MORA A. The relationship between the comprehensiveness of corporate annual reports and firm characteristics in Spain [J]. Accounting and Business Research, 1994 (25): 41-53.

[182] WATSON D. The actor and observer: How are their perception of causality divergent? [J]. Psychological Bulletin, 1982 (92): 682-700.

[183] WEARY G, HARVEY J H, SCHWEIGER P, et al. Self-presentation and the moderation of self-serving attributional biases [J]. Social Cognition, 1982 (1): 140-159.

[184] WEINER B. Perceiving the cause of successes and failures [M]. Moristown: General learing press, 1971.

[185] WEINER B. May I borrow your class notes? An attributional analysis of judgements of help - giving in an achievement - related context [J]. Journal of Educational Psychology, 1980 (72): 74-84.

[186] WEINER B. Intrapersonal and interpersonal theories of motivation from an attributional perspective [J]. Educational Psychology Review, 2000 (12): 1-14.

[187] WEITZ B A. Attributions in the board room: Causal reasoning in corporate annual reports [J]. Administrative Science Quarterly, 1983 (28): 165-183.

[188] WELLS K D. The social behavior of anuran amphibians [J]. Animal Behavior, 1977 (25): 666-693.

[189] WOMACK K. Do brokerage analysts' recommendations have investment

value? [J]. The Journal of Finance，1996 (51): 137-167.

[190] WORTMAN C B，DiNTZER L. Is an attributional analysis of the learned helpless phenomenon viable? A critique of the Abramson-Seligman-Teasdale reformulation [J]. Journal of Abnormal Psychology，1978 (887): 75-90.

[191] XU N，CHAN K，JIANG X，et al. Do star analysts know more firm-specific information? Evidence from China [J]. Journal of Banking & Finance，2013 (37): 89-102.

[192] YU F. Analyst coverage and earnings management [J]. Journal of Financial Economics，2008 (88): 245-271.

[193] ZHANG H，SU Z. Does media governance restrict corporate overinvestment behavior? Evidence from Chinese listed firms [J]. China Journal of Accounting Research，2015 (8): 41-57.

[194] ZHANG Y. Analyst responsiveness and the post-earnings-announcement drift [J]. Journal of Accounting and Economics，2008 (46): 201-215.

[195] ZHOU X. Understanding the determinants of managerial ownership and the link between ownership and performance: Comment [J]. Journal of Financial Economics，2001 (62): 559-571.

索引